死生契阔三十载

元白手札

古人很潮 主编

春风得意少年郎

> 贞元季年,始定交分,行止通塞,靡所不同,金石胶漆,未足为喻。死生契阔者三十载,歌诗唱和者九百章,播于人间,今不复叙。

金石胶漆不足喻

以质合迁，宜人之不爱也。今所爱者，并世而生，独足下耳。然百千年后，安知复无如足下者出，而知爱我诗哉。

广寞同心

共兴业

平生故人,去我万里,瞥然尘念,此际暂生。

膏销雪尽 意还生

乘此功德,安知他劫不与微之结后缘于兹土乎?因此行愿,安知他生不与微之同游于兹寺乎?

目录 CONTENTS

序章
- 小栏目 元白五十问
- 小栏目 白居易观察指南
- 小栏目 元稹观察指南

016　022　029

第一卷 春风得意少年郎

- 小栏目 新课标Ⅱ卷元白诗词卷高考真题（长安卷）
- 小栏目 大唐制科考试备考攻略分享
- 小栏目 诗歌合为事而作
- 第三章 紫陌红尘处处随
- 第二章 与君初相识，犹如故人归
- 第一章

047　056　064　072　080

第二卷 金石胶漆不足喻

- 小栏目 白行简：关于我哥那些不得不说的事儿
- 第六章 江州司马青衫湿
- 第五章 唯有思君治不得
- 第四章 自古天意高难问

091　104　111　122

第三卷 茂宽同心 共兴业

第七章 与君相遇知何处 …… 133

第八章 斋宫潜咏万人惊 …… 142

第九章 唯应鲍叔犹怜我 …… 148

第四卷 膏销雪尽 意还生

第十章 君埋泉下泥销骨 …… 163

第十一章 三生石畔犹相见 …… 170

尾声

魂寄香山 …… 181

安史之乱结束后，盛唐日月倒转。

当后人提及唐朝时，唐朝已经不再是升腾着热气的盛世王朝，长安城正在渐渐死去，大明宫在一次次敲响的暮鼓与晨钟声里慢慢腐朽：朋党相争、宦官专政、藩镇割据……成了唐朝久久不愈的沉疴。

人们称这段历史时期为中唐。

中唐的诗，虽不复盛唐年间李太白的朝气蓬勃，但亦不似晚唐那般凄黯寂寞。

中唐诗人们渴望将讽喻诗当作一剂挽救大唐的良药，或不惧权豪怒，或剑拂佞臣首，他们在这片凋敝萧条的战后大地四处奔走，以笔为剑，为国为民，万死不悔。

元稹与白居易，便是那个时代最为赤诚的一对灵魂知己。

爱慕之情，可欺金石，千里神交，若合符契。[1]

在元稹病逝后的第八个秋天，白居易再次梦见挚友。

此时此刻，距离两位青年在长安城南吟诗同游的好时光，已经过了很久很久。

鬓发苍苍的诗人醉吟起亡友的诗，他记忆中的那个元稹仍然锋芒毕露，嘴角扬起笑容。

君今劝我醉，劝醉意如何？[2]

贞元年间，三十岁的白居易与二十三岁的元稹在长安相识，两人心意相合，结为好友，而后同年登科，同年任校书郎。

这是元白最快意的一段时光——

他们曾日夜读书，温习策论，以诗相戒；

也曾打马花前，雪中同饮，写诗相娱；

倘若往来做客，便倚门笑迎对方，无须戴发冠，可在春风里睡到日上三竿，亦可在秋夜里畅谈到天明。

那年，长安城内曾有一对如此快乐的青年郎啊。

---

1. 出自《唐才子传》。
2. 出自元稹《酬乐天劝醉》。

我在山馆中，满地桐花落。[1]

桐花半落时，复道正相思。[2]

踏入官场后，两个誓要做折剑头[3]的年轻人，逐渐见识到沧浪之水的浑浊。

白居易因作大量讽喻诗而得罪权贵，被贬为江州司马；元稹更是因为直言正谏而得罪多方势力，一生四次被贬，起起落落。

从此以后，他们聚少离多，日夜写诗，聊以相勉。

从江南到唐宫，从驿舍到里巷，世人口中皆传颂元白唱和之句，三十韵、五十韵乃至百韵，一时风靡天下，使得大唐纸贵。

也罢，悠悠天地内，不死定会相逢。

不知忆我因何事，昨夜三回梦见君。[4]

我今因病魂颠倒，唯梦闲人不梦君。[5]

俗世风霜，容不下两个太过剔透的灵魂。

他们不再是意气风发的青衫客，亦不再是形影相伴的校书郎，对于两位年近半百的中年人来讲，或许一挥手便是永别。在人间磕绊消磨，总觉着会失去对方，这成了白居易最怕的事，他在给元稹的信中写道：

又不知相遇是何年，相见是何地，溘然而至，则如之何？[6]

想到世上有个你，我这沉浮的人生似乎也变得容易熬一些，因此不敢想象你先走的光景，到时独我一人留在这里，应该以何种心情迎接余生？

微之微之，知我心否？

大和五年（公元831年），五十二岁的元稹在武昌军节度使任上暴病而亡，其家人请求白居易写祭文。白居易愕然良久，泪如雨下，颤抖提笔：

1. 出自元稹《三月二十四日宿曾峰馆，夜对桐花，寄乐天》。
2. 出自白居易《初与元九别后，忽梦见之，及寤而书适至，兼寄桐花诗，怅然感怀，因以此寄》。
3. 出自白居易的《折剑头》。折剑头，意为因刚直折断的剑头。
4. 出自白居易《梦微之（十二年八月二十日夜）》。
5. 出自元稹《酬乐天频梦微之》。
6. 出自白居易《与元九书》。

金石胶漆，未足为喻，死生契阔者三十载，歌诗唱和者九百章。[1]

君埋泉下泥销骨，我寄人间雪满头。[2]

在元稹逝世的十五年里，年复一年的霜雪，攀上白居易的发丝。他将润笔费统统捐出去，用来修缮香山寺，四季为元稹诵经，只盼来世与挚友相认，不负"他生亦相觅"的誓言。

再后来，白居易活到了七十四岁，安然逝于洛阳。

当他去世时，整个大唐已经传遍了他的讽喻诗，恰如他曾经写下的"野火烧不尽，春风吹又生"之盛景，而他与元稹往来唱和的诗，早已被无数人深深铭刻于心中。

那一封封书信，穿过迢迢山川，淌过汤汤江河，穿过桐花与驿台，信中诗篇九百首，化为天地间纷纷扬扬的大雪，一连下了好多个百年。

人声鼎沸的大唐文坛，从此被开辟出一方寂静的雪地，这里深埋着只属于他们两个人的回忆。

生与死，世间与黄泉，倦客与归人。

这一次，我们之间的距离，终于不再那样遥远了。

微之，我来寻你。

---

1. 出自白居易《祭微之文》。
2. 出自白居易《梦微之》。

小栏目
元镇观察指南
顾闪闪·文

尊敬的用户您好，感谢您选购本公司生产的"新乐府"系列产品！通过本产品，您可以看到所选择的历史人物人生景象复原的全息投影，您选择的诗人"元稹"是本系列的热销人物，常与本系列另一位诗人"白居易"搭配，如需一同观察， 请点此跳转到"白居易观察指南" ，同购可享八折优惠。

下面是元稹的观察指南，内含重要内容，请务必仔细阅读。本产品因独特的复原功能，需精心养护，如因个人使用不当而产生严重后果，本公司概不承担责任。

人物说明

- 姓名：元稹（字微之，别字威明）
- 别称：在家族中排行第九，故又称为"元九"。
- 出生地：河南洛阳
- 生卒日期：公元779年3月×日——公元831年9月3日
- 外形特点：品貌上佳，风流倜傥。

产品激活方法

收到本产品后，您只需要将其放置在相对适宜的环境下，并在一旁放上足量的陈子昂和杜甫的诗作即可。本品启动后，会从元稹幼年时期开始复原场景，您会观察到元稹自幼年起便能适应恶劣的生活环境，于逆境中求存，并不断自我提升，是一个省心又省事的孩子。

元稹在成长的过程中，可能会出现用萤火虫当台灯、用锥子扎大腿等极端动作，请不必过分担心，等他长大些就不会这样了。如果您实在心疼，可向投影投喂适量"灯影牛肉"，为元稹补充能量，他会很喜欢的。

激活过程中切勿强制关机，会导致复原时间线混乱，影响后续使用。

如果您在试过以上方法后，依然无法激活本系统，请联系本公司客服人员，我们将派出产品专员为您上门调试。

人物特征

首先恭喜您，元稹是一位天赋型选手，他不仅擅长写诗、写文，您通过投影还能看到他定期更新小说。他撰写的《莺莺传》是唐传奇的经典作品，多年来深受广大读者喜爱，后期还出了不少衍生作品，其中以元代王实甫的《崔莺莺待月西厢记》最为知名。

元稹少年成名，在一般人初中还没毕业的年纪，十四岁的元稹便已经明经及第。您可以准备好庆祝特效，相隔时空也能为他举杯。

元稹作为新乐府运动的发起人，也是"元和体"的开创者，因最擅长写人间的悲欢离合，还曾荣获"元才子"的称号。他的诗作哀怨缠绵、细腻多情，艳丽而有骨。请您适量阅读，以免太过忧伤，引发失眠、多梦等副作用。

除常规诗作外，在特定时间点，您会观察到元稹产出大量悼亡诗，此情况出现在其爱妻韦丛去世后，请谨慎触发此事件。

元稹与白居易全息投影系统兼容性极好，搭配使用，可产生意想不到的效果。

特别注意

您会观察到元稹个性孤傲锋锐，疾恶如仇，因此常常得罪权贵，屡屡被打压针对，请不要过于担心，您会看到他铲奸除恶的全过程。不过随着元稹人气的飙升，坊间出现了不少以窥探元稹私生活为噱头的八卦小报，其中不乏对元稹的恶意中伤，请仔细辨别，切勿偏听偏信。

此外，元稹钟爱菊花，曾为菊花作诗道："不是花中偏爱菊，此花开尽更无花。"如果条件允许的话，您可在家中开辟一处小花园，在园中种满菊花，配合全息投影展现的诗句欣赏。

常见问题及解答

Q：我家的快递柜内近日突然出现了一根竹竿，不知道是谁寄过来的。请问这是官方寄送的赠品吗？有什么具体含义？

A：亲爱的用户您好，官方最近会给同时观察元稹和白居易的用户寄送竹竿。您可以检查一下，在这根竹竿的角落是否刻有"乐天"两个字？如果有，那就是官方寄来的。

白居易一向喜欢以竹子比喻元稹，在他心里，元稹永远是初见时那青翠标致的竹子形象。有诗为证："昔我十年前，与君始相识。曾将秋竹竿，比君孤且直。"[1] 不得不说，这个比喻还是很恰当的，元稹确实不佞权贵、孤直不阿。

Q：最近我才观察到，元稹是杜甫的粉丝，为了力挺杜甫，还几番发文"拉踩"诗仙李白。可急坏我了！他原本就因为言辞犀利树敌颇多，李白粉丝基数又这么大，我好害怕他被群起而攻之……

A：经查询，元稹确实发布过以下言论："时山东人李白，亦以奇文取称，时人谓之'李杜'。余观其壮浪纵恣……及乐府歌诗，诚亦差肩于子美矣。至若铺陈终始，排比声韵……词气豪迈而风调清深，属对律切而脱弃凡近，则李尚不能历其藩翰，况堂奥乎！"[2]

不过值得注意的是，以上这段话引自元稹为杜甫所写的墓志铭，在墓志铭里夸墓主人，是怎么夸都不过分的。况且元稹是新乐府运动的发起人，倡导作诗应着眼于社会现实，讽喻时事，这一点上杜甫确实是值得他崇拜，元稹偏爱杜甫也是可以理解的。

何况盛唐的风潮普遍是"扬李抑杜"的，当时的人们并不太看重杜甫的诗风，元稹能这样力挺杜甫，其实也是需要很大的勇气的。

最后，您可以放心，李白的粉丝们都和正主本人一样潇洒肆意，是不会为一则墓志铭和元稹过不去的！

---

1. 出自白居易《酬元九对新栽竹有怀见寄》。
2. 出自元稹《唐故工部员外郎杜君墓系铭序》。

Q：我最近观察到元稹一进入驿站或酒家，就会绕着墙角和柱子打转，有时候还会沾一身灰，请问这是全息系统出故障了吗？好担心啊……

A：这位用户请不必惊慌，元稹会出现这种奇怪的行为，只是为了寻找好友白居易在墙角的题诗罢了。

元稹和白居易向来有"用题诗标记一处地点，让对方来找"的互动传统，属于两人趣味小游戏的一种。这种小游戏突破了时间和空间的限制，让两人可以随时随地通过诗歌保持联系，唯一的缺点就是有点难找。所以每到驿站，两人恨不得立刻化身"扫地机器人"，将驿站的所有犄角旮旯处扫个遍，至于形象和偶像包袱嘛，哪里有知己的诗重要？

白居易诗中的"每到驿亭先下马，循墙绕柱觅君诗"[1]和"唯有多情元侍御，绣衣不惜拂尘看"[2]说的就是这种情况啦！

Q：求助！元稹已经卧病不起，高烧不退好几天了，通州（今四川达州）的医疗条件这么差，元稹看样子已经奄奄一息了，尽管是全息投影，但我也很想帮帮他！我到底该怎么办？急！！！

A：根据您的系统复原数据，我们判断，此时的元稹多半是感染了疟疾。通州地处蛮荒之野，气候湿热，瘴毒弥漫，蚊虫毒蛇肆虐，因此疟疾这种病症在当地十分常见，再加上元稹是北方人，就更难适应这种恶劣的气候环境了。

鉴于通州医药落后的实际情况，我们建议您打开全息地图，前往山南西道兴元府寻求名医，为元稹诊治。同时，您也可以通过开窗通风、熏烧药草、铲除房屋前后荒草等方式防治疟疾。请您放心，按照真实历史情况，元稹一定会康复的。

Q：听说"新乐府"系列最近新推出了全息人物换装功能，我该如何解锁此功能，为元稹换装呢？

A：很简单。您只需要点开"菜单－我的装备－奇迹换装"选项，在换装列表中找到"白

---

1. 出自白居易《蓝桥驿见元九诗》。
2. 出自白居易《酬和元九东川路诗十二首·骆口驿旧题诗》。

居易所赠生衣",输入口令"莫嫌轻薄但知著,犹恐通州热杀君"[1],点击"解锁",随后就可以为元稹换上夏日轻薄纱衣了。

值得注意的是,一开始的时候,元稹可能会嘀咕"羸骨不胜纤细物,欲将文服却还君"[2],不肯进行换装,不用担心,他只是在傲娇而已。您耐心地多点几下,他就会开开心心地前去换装啦!

再次感谢您购买本公司生产的"新乐府"系列产品!如果您在使用过程中遇到任何问题,都欢迎您用打电话或发邮件的方式,向本公司进行咨询,我们的客服会第一时间解答您的疑惑,为您排忧解难。请保存好您的保修卡,如遇故障,我们的专员也会立即为您上门维修。

祝您通过复原元稹的人生景象获得一段难忘而有意义的时光!

广告时间

还在为元稹连日闷闷不乐而感到焦虑吗?

还在为元稹找不到志同道合的好友感到困扰吗?

您是否也曾想象过,为仕途受阻、人生受挫的元稹找寻一个值得信任的终生知己?

现在机会来了!为回馈广大用户对本公司的支持,我们特别推出了"知己优惠购"活动,凡选择复原"元稹"和"白居易"二者中任意一人的用户,均有机会在同购八折的基础上,再折上折,以六折的价格将另外一人带回家!

同时,我们还将为您赠送"元白活动限定服装"以及《元白长庆集》,让您足不出户,便能感受元稹和白居易之间的真挚友情。

还在等什么?快快打电话订购吧!

---

1. 出自白居易《寄生衣与微之,因题封上》。
2. 出自元稹《酬乐天寄生衣》。

尊敬的用户您好，感谢您选购本公司生产的"新乐府"系列产品！通过本产品，您可以看到所选择的历史人物人生景象复原的全息投影，您选择的诗人"白居易"是本系列的热销人物，不仅能与本系列另一位诗人"元稹"组合还原，他也是您日常学习备考的好帮手，配备学霸系统，内置唐诗三千余首，从此背诵默写《琵琶行》《长恨歌》再不是难题，白居易用实力为您的考试保驾护航。

下面是白居易的观察指南，内含重要内容，请务必仔细阅读。本产品因独特的复原功能，需精心养护，如因个人使用不当而产生严重后果，本公司概不承担责任。

人物说明

- 姓名：白居易（字乐天，号香山居士，又号醉吟先生）
- 别称：在家族中排行第二十二，故又称为"白二十二"。
- 出生地：河南新郑
- 生卒日期：公元772年2月28日—公元846年9月8日
- 外形特点：儒雅大方、早生白发。

产品激活方法

收到本产品后，请将其放置在阴凉通风处，并扫描说明书上的二维码，找到白居易最爱的那首琵琶曲，点击播放。等到白居易的全息投影随着琵琶曲的律动运行的时候，就表明启动成功了。

不过经用户反馈，这一启动过程常常会引得白居易泪流不止，这是正常情况，只是感性使然，等待白居易停止哭泣后，继续启动即可。

启动后也有隐藏功能，您可打开一坛绿蚁新醅酒，并努力扇风，让酒香快速飘散。这一操作通常可以触发元白相关事件，如白居易在闻到酒香的瞬间，便会一个鲤鱼打挺地坐起来，并四处寻找元稹共饮通宵。

不过长期过量饮酒会对本产品造成不可逆的损伤，且这种损伤不在我们的保修范围内，所以美酒虽好，但不要贪杯哦！

如果您在试过以上方法后，依然无法激活本系统，请联系本公司客服人员，我们将派出产品专员为您上门调试。

人物特征

首先恭喜您，白居易绝对是一位有潜力的人物！凭借着超强的考试能力，白居易从一个家境平平的普通读书人，一路做到了太子少傅，穿上了紫色朝服，配紫金鱼袋。

在白居易离世后，您可以观察到朝廷为白居易颁发的"追赠白居易为尚书右仆射"荣誉证书，含金量达到了"从二品"。

除了显而易见的官场成就外，白居易还是一位相当高产的诗人，写诗对他而言就像吃饭喝水一样容易。时刻能观察这样一位大诗人，你永远也不会感到无聊，白居易一直掌握着许多有趣的传闻，上到唐明皇和杨贵妃之间不为人知的皇室秘密，下到大街小巷流传的民间逸事，白居易一个人就能顶一家杂志社。

此外，白居易精通乐理，尤其擅长弹琴，是一位颇有情调的艺术家，他喜欢养竹，还是种花高手，很快，透过全息影像，您家的房前屋后就会开满牡丹和杜鹃，变得美不胜收。

在抵达江南水乡杭州后，您能观察到白居易展现基建才能，疏浚水井、开凿水路，在这里，他还将修建"白公堤"，敬请期待！

特别注意

白居易是一位注重廉政建设的清官，他在杭州做了三年刺史，却从未拿过百姓一针一线，有什么生活必需品也是自己出钱在当地购买。可即便如此，他仍觉得自己对杭州的老百姓没做什么贡献。他曾在西湖边的山路上随手捡了两块天竺石，不小心带离了杭州，等他意识到自己带走了杭州的东西，便陷入了深刻的自我反省。

白居易朋友不算多，其中关系最好的要数同朝为官的元稹。不过大多数时间，他与元稹都处于分隔两地的状态。为了应对这种状况，我们推荐您办理一张大唐邮政年卡，通过此卡您可以反复观看两人唱和的诗歌及往来信件，以这两个人互相寄信的频率来看，这将会是您最物超所值的一次购物。

常见问题及解答

Q：最近，我观察到白居易经常很晚才到家，发现他常常拿着自己的诗在街上乱逛，还追着街边的老婆婆跑，非要给她们读诗，这是怎么回事啊？

A：您描述的上述情况，说明此时的白居易正处于创作的井喷期。白居易是一位著名的现实主义诗人，和元稹一样，他也是新乐府运动的代表人物。在他眼中，过于浪漫绮靡的诗句不过是花架子，只有老百姓看得懂的诗才是真正的好诗，因此诗意浅近、通俗易懂是他审视自己诗作的一个重要标准。

而你看到的"白居易追着街边的老婆婆跑"，只不过是白居易验证自己诗歌是否通俗易懂的方式罢了，他觉得倘若连街边不识字的老婆婆都能听懂自己的诗，那大家也就都能听懂了。

Q：你好，我观察到最近总有一位打扮怪异的商人在白居易家周边徘徊，还总是叽里呱啦和人打听着什么，我听他言语之间好像夹杂着"白居易"三个字（这三个字发音倒是很标准），这是什么人？他不会对白居易不利吧？

A：您不用紧张，听您的描述，应该是传说中的"鸡林商人"。

"鸡林"是一个国家的名字，你听着或许有些陌生，但提起它的另一个名字您一定就很熟悉了，那便是新罗国。新罗国对大唐文化仰慕已久，而白居易的诗作因其质朴通俗，且具有歌谣的特点，比较便于翻译流传，因此深受鸡林人喜爱。这位鸡林商人多次声明，他们的宰相愿意用一金换白居易的一首诗，且不限数量，多多益善。

不仅是鸡林，听说在大唐之东的海上，有一个叫日本的岛国，也对白居易的诗作十分推崇，热度甚至超过了李白和杜甫，可见白居易已经成为国际诗人了。

Q：我观察到白居易这段时间经常抚摸着自己鬓边的白发，对镜叹息，甚至一整天下来一句话也不说，我都担心他是不是抑郁了？

A：悲秋伤逝，人之常情嘛，只不过在这一点上，白居易会比其他诗人还要更敏感一些。白居易是一个非常有时间观念的人，从少年时，他便在学习上争分夺秒，为了在同样的时间内学到更多知识，他常常读书读得口中生疮，写字写到手上长茧。然而在功成名就后，这种过强的时间观念却成了他的焦虑源泉。

同时，白居易也会比较在意和好友元稹的年龄差问题，这一点从他给元稹寄的诗中就可以看出来。当时，元稹也察觉到了白居易的小情绪，便作诗安慰他不要过于悲春伤秋，没想到白居易看完更加忧郁了，直接回复道："莫怪独吟秋思苦，比君校近二毛年。"[1]

"二毛"指的是头发斑白，常用来形容中老年人。写这首诗的时候，白居易已经三十多岁了，而元稹才二十多岁。所以白居易才感叹，你哪里懂我一个中年人的年龄焦虑！

针对这种情况，您也不用太担心，白居易还是很热爱工作的，一旦忙起来，他就没有时间胡思乱想了。

顺便说一下，您自己也不用为白居易的年龄增长而担心，白居易的生命长达七十五年，远超其他诗人，同时期的李贺都羡慕哭了。

Q：您好，我观察到白居易就快退休了，想在洛阳置办一套宅院，让他过上闲适的隐居生活，我想改造家里的装修去匹配全息场景，咨询一下白居易会选什么样的房子呢？

A：经调研，白居易晚年买下的是一套位于洛阳履道坊的宅院，这套宅子原为散骑常侍杨凭所有，地处洛阳东南郊，虽非城中心，但正适合隐居养老。

此宅占地十亩，里面有莲池、竹林、庭院和果园，园林秀丽，景色宜人，不管是自住，还是待客设宴，都极适宜。在这座宅院内部，还自带一间私人酿酒坊，刚好可以满足白居易对于美酒佳酿的喜爱。试想白居易入住后闲步庭中，饮上一杯酒，吟上一首诗，那感觉别提多惬意了！

再次感谢您购买本公司生产的"新乐府"系列产品！如果您在使用过程中遇到任何问题，都欢迎您用打电话或发邮件的方式，向本公司进行咨询，我们的客服会第一时间解答您的疑惑，为您排忧解难。请保存好您的保修卡，如遇故障，我们的专员也会立即为您上门维修。

祝您通过复原白居易的人生景象获得一段难忘而有意义的时光！

---

1. 出自白居易《秋雨中赠元九》。

 广告时间

当当当！大唐皇室举办的"畅游曲江宴"活动正式开启啦！

即日起，凡同时选择复原"白居易"和"元稹"的用户，均有机会获赠曲江宴活动的高级入场券一张。凭此入场券，您不仅能欣赏到曲江的美景和新科进士们的风采，还可以免费观赏大唐教坊的歌舞表演，品尝御膳佳肴，畅饮进贡佳酿，感受大唐的盛世繁华。运气好的话，您还能看到前来同乐的皇帝陛下！

还在等什么？快快打电话订购吧！

小栏目

元白五十问

拂罗·文

贞元二十年（公元804年），青年岁月。

① 久仰久仰，听说二位是长安城知名的青年才俊，那么如何称呼二位呢？

白：白居易，字乐天。

元：大家好啊，我是元稹，字微之。

② 最喜欢如何称呼彼此呢？

白：最爱唤他微之，有时也叫他元九。

元：我最爱叫他乐天，你觉不觉得"乐天"这词儿本身就带着一种不俗的皎皎鸾凤姿？

白：在我眼里，微之的气节风采，乃是无波古井水，有节秋竹竿[1]。

二人相视一笑。

③ 二位今年多大了呢？

白：今年三十二岁。

元：不妨猜一猜？小提示，我比乐天小七岁。

④ 二位如今正在担任什么职务呢？

元白（异口同声）：在长安城当秘书省校书郎。

主持人：哇，二位好有默契！

元（笑）：我与乐天形影不离，自然是……

---

1. 出自白居易《赠元稹》。

白：自然是，心源无异端。

⑤ 初见时，对彼此的第一印象是什么？

白：微之是一个才气斐然、锋芒毕露的年轻人。那年我与微之一见如故，他说的话，句句都应了我心中所想，我便知道他会是我的挚友。

元：乐天自是温润如玉，翩翩君子。（微顿，轻声）不过，当时见他口舌生疮，鬓生白发，我的第一念头还是心酸更多，乐天一路走来，想必吃了不少世间苦吧。

⑥ 二位的友情是如何渐深的呢？

白：我们的友情从一开始就比任何人都深厚。

元：没错！我们同年登第，同年任校书郎，眼下正打算同住在华阳观，一同研习策论，没有什么事能让我们分离！

⑦ 看见对方穿上官袍，有什么感想？

白（认真思索）：简威霜凛冽，衣彩绣葳蕤。[1] 所有官员之中，微之一定最出众。

元（两眼冒光）：日轮光照耀，龙服瑞葳蕤！[2] 乐天，你穿官袍更好看！

白（纠正）：微之最出众。

元（认真）：乐天最好看！

两人旁若无人，互相夸赞……

---
1. 出自白居易《代书诗一百韵寄微之》。
2. 出自元稹《酬翰林白学士代书一百韵》。

❽ 二位相处时最喜欢做什么事情?

白:写诗、赏月、共饮、学习……有月多同赏,无杯不共持,秋风拂琴匣,夜雪卷书帷。[1]

元:还喜欢彻夜下棋,乐天,结束采访后再陪我对弈几局?

白:当然好,不妨再高上慈恩塔,幽寻皇子陂?[2]

元:好啊,晚些时候,咱们再同去歌楼!

两人滔滔不绝地聊着,逐一安排好了明年的计划……

❾ 咳咳,二位是如何度过童年的呢?

白:我出生于天宝之乱结束的第九年,家人带我四处颠沛……这段经历,实在不愿再忆。

元:我家世代为官,家族曾定居洛阳,后迁到长安居住,但逐渐家道中落。八岁遭遇父卒,家里变得一贫如洗,母亲带我们搬去凤翔艰难谋生,她耐心教导我学习,这才有了今日的我。

白(苦笑):微之,我们的童年,何其相似。

元(握住白居易的手):乐天,你我相遇皆是命中注定。

❿ 如何看待你们所处的时代?

白:大唐早已不再强盛,急需有识之士直言正谏,方可救世。

元:世道不公,如同乱麻,需一把快刀斩尽佞臣,才可复兴。

⓫ 对于人生理想,二位在未来会写下什么誓言呢?

白:我宁可做折剑头,也不愿为曲全钩,微之微之,可懂我心?

---

1. 出自白居易《代书诗一百韵寄微之》。
2. 出自白居易《代书诗一百韵寄微之》。

元：闻君得折剑，一片雄心起，¹ 我懂你。

白：总有一日，我的讽喻诗会传遍大街小巷，到时妇孺百姓皆可读懂！惟歌生民病，愿得天子知！²

元：好！金埋无土色，玉坠无瓦声。剑折有寸利，镜破有片明。我可俘为囚，我可刃为兵。我心终不死，金石贯以诚！³

⑫ 如果可以穿越回到十多年前，二位最想弥补什么遗憾呢？

白：只愿寻得儿时的微之，让他的童年不至于如此孤苦。

元：乐天……倘若我能见到少年苦读的你，我一定会告诉你，你以后会成为一个为国为民的好官，一定会！

⑬ 来聊聊轻松的话题吧，二位会将对方比喻成哪种事物呢？

白：斩拂佞臣首的剑。

元：举翅摩苍穹⁴的鹏。

⑭ 写诗唱和，对二位来讲可有什么特殊意义？

白：我与微之，小通则以诗相戒，小穷则以诗相勉，索居则以诗相慰，同处则以诗相娱。⁵

元：倘若分离，我便将思念统统化作诗句，寄给乐天。

---

1. 出自元稹《和乐天折剑头》。
2. 出自白居易《寄唐生》。
3. 出自元稹《思归乐》。
4. 出自白居易《我身》。
5. 出自白居易《与元九书》。

15 用一个词来形容对方的优点？

白：百韵长诗尚且不够，更何况一个词？

元：嘿嘿，以乐天之见，咱们要用多少个词才够夸赞对方？

白：我觉得，千万个都不够。

元：不，万万个都不够。

16 最喜欢一起去哪里游玩？

白：长安城南。

元：乐天家。

17 倘若有朝一日暂别，二位到时会对彼此说什么？

白：同心一人去，坐觉长安空。[1]

元：愿为云与雨，会合天之垂。[2]

18 如何形容你们之间的情谊呢？

白：我与微之，松筠与金石，未足喻坚密。在车如轮辕，在身如肘腋。[3]

元：我与乐天，遂定死生之契，期于日月可盟，谊同金石，爱等弟兄。[4]

---

1. 出自白居易《别元九后咏所怀》。
2. 出自元稹《酬乐天》。
3. 出自白居易《和微之诗二十三首·和寄乐天》。
4. 出自元稹《祭翰林白学士太夫人文》。

大和三年（公元829年），半生已过。

⑲ 几十年不见，终于在洛阳城盼来元白重逢、再次接受采访的时刻。犹记上次在长安城接受采访时，你们还是意气风发的青年，如今，二位的眉宇间添了许多风霜之色，这些年都经历了什么事呢？

白：呵呵，时间过得真快啊，我已经五十七岁了，如此算来，微之竟也有五十岁了。

元：乐天，你在我眼中仍然风华不减。

⑳ 几十年来，官场沉浮，你们这半生都经历了什么事呢？

白：行路难，不在水，不在山，只在人情反覆间。[1] 入仕后，我曾因作讽喻诗而被贬为江州司马，多年后回朝做官，只觉得官场浑浊，不如到民间为百姓做实事。

元：入仕后，我经历几次贬谪，曾官居宰相，也曾朝不保夕，多亏有乐天接济，才能熬过这些年的病痛与苦难啊。

㉑ 二位如今担任什么官职呢？

白：微之被罢相后，我也自请出京到苏杭当刺史去了，前些年回长安任秘书监，又转任刑部侍郎，都是一些闲职，如今在洛阳养病呢。

元：罢相后，我先是调任浙东观察使兼越州刺史，如今又回京城当尚书左丞，路过东都洛阳，这才得以与乐天见上一面。

---

1. 出自白居易《太行路·借夫妇以讽君臣之不终也》。

㉒ 二位仍是彼此最好的朋友吗？

白：知我者以为诗仙，不知我者以为诗魔，[1] 微之永远是知我者。

元：连生死都不能分开我们，何况岁月乎？

㉓ 在什么时候最心疼对方？

白：……敷水驿。

元：乐天他……被贬江州的时候。

㉔ 分居两地的岁月，最思念对方的时候会做什么呢？

元白（异口同声）：写诗。

白：微之，近来文卷里，半是忆君诗。[2]

元：乐天，这意味着，我们无时无刻不在思念着对方啊。

㉕ 最喜欢对方寄给自己的哪首诗呢？

白：最喜欢……昨天微之写给我的那一首？

元：明明今早这首诗，我用情更深切！

白（铺开厚厚的信笺，无奈）：微之，这些诗我全都喜欢，该怎么办呢？

元（同样展示出厚厚的信笺）：乐天，我也同样难以抉择啊！

元白争着背诗，整整背诵了三天三夜……

---

1. 出自白居易《与元九书》。
2. 出自白居易《忆元九》。

㉖ 分居两地的岁月里,梦见对方多少回呢?

白:我算算,个、十、百、千……

元:太多太多,多到记不清。

㉗ 分离时印象最深的一件事是什么?

白(追忆):千里神交,那时我与弟弟白行简、好友李杓直同游慈恩院,忽然倍感思念微之,冥冥中感觉微之一定快到梁州了,可谓"忽忆故人天际去,计程今日到梁州"[1]。

元(笑):相隔整整千里,乐天竟精准料到我的行程,你说神奇不神奇?那天我真的到了梁州,还在梦中与乐天、白行简和李杓直一起到慈恩寺游玩,谁说这不算千里相会呢?

㉘ 相聚时印象最深的一件事是什么?

白:当年微之被召回长安城任中书舍人,与我相聚,说来真巧,为微之拟写制诰的人就是我。

元:嘿嘿,那年乐天回长安任主客郎中,为他草拟制诰的人也是我噢。

㉙ 倘若不能相聚,二位会在宦游路上寻找彼此的足迹吗?

白:当然,每次到一个驿站,我都会先下马绕着墙壁仔细寻找微之留下的题诗。

元:我路过你曾路过的地方,这样我们也算是相逢,对吧,乐天?

白(笑):拙诗在壁无人爱,鸟污苔侵文字残。[2] 唯有微之你这个多情人,不惜用衣袖拂去尘土,细细观看我的诗啊。

---

1. 出自白居易《同李十一醉忆元九》。
2. 出自白居易《酬和元九东川路诗十二首·骆口驿旧题诗》。

㉚ 重逢时最喜欢做什么事呢?

白:吟诗唱戏。与微之重聚长安的时候,我们曾在春日城南骑马吟诗作乐,分别吟诵新颖的小律,从皇子陂归昭国里的途中,你一首我一首,迭吟递唱,二十里余。微之微之,你还记得吗?

元:当然记得!回去之后我们还喝了不少酒,不过……君今劝我醉,劝醉意如何?

㉛ 某杨姓粉丝称,你们的感情"半是交情半是私",两位有何看法呢?

白:(笑而不语)。

元:(哈哈大笑)。

㉜ 两位要不要做声明呢?

白:这一生与微之相处,或花时宴罢,或月夜酒酣,一咏一吟,不觉老之将至,我们都是视世间评价为外物的人,无须做什么解释。

元:知己、挚友、金石之交,都不足以形容我们。非要我形容的话,便是我们从对方双眼的倒影里,看到了世间另外一半的自己吧!

㉝ 听说微之曾经吃醋?

白(笑):没错,玲珑姑娘已经对我讲过了。

元(不好意思):听说他在杭州整天找玲珑姑娘,听人家唱曲,我哪知道唱的诗全都是我写给他的……不过,听罢还是心酸更多。乐天啊乐天,休遣玲珑唱我诗,我诗多是别君词。[1]

远方的商玲珑:他们俩真是我职业生涯中遇到的最奇怪的一对客人!

---

1. 出自元稹《重赠(乐人商玲珑能歌,歌予数十诗)》。

34 最喜欢寄给对方的礼物是什么?

白:零食、衣裳、药材……还想寄石榴给微之,可惜路远,未能如愿。

元:没关系,虽然我没看到石榴,但看到了你的诗呀!

白:微之,你赠给我的料子,我把它制成了衣裳,可我老了,穿着恐怕不好看喽。

元:乐天怎么可能不好看?我可是日夜想象着你换上新衣的样子!春草绿茸云色白,想君骑马好仪容![1]

35 如果将对方比喻成花,会是哪种花呢?

白:牡丹君,杜鹃花。

元:他自称紫薇郎,不过……(认真)在我眼里,乐天更像是桐花。

36 最担心对方哪一点?

白:我曾一夜三回梦见微之,不知微之那时惦念着我,是因何事呢?

元:唉,那时我在想,我这生病的身子实在不争气,怎么夜里只梦见旁人,唯独梦不见乐天呢?

白:不要多想,我给你寄药过去,哪怕不能治病,也能慰病中情啊。

元(笑):乐天,我身上其他的病是好转了,可唯独这相思,你的药也能治好吗?

37 每次收到对方的近况,会是什么心情?

元:远信入门先有泪,每次看见我落泪,家眷们就知道,一定是乐天来信了。

白(沉默半晌):我们这些年聚散离合,老之将至,又不知下次相遇是何年,相见是何地,

---

1. 出自元稹《酬乐天得稹所寄纻丝布白轻庸制成衣服以诗报之》。

假如死亡突然到来,我该怎么办呢?微之,微之……你知道我有多担心你吗?

元(认真):没关系,你给我寄来的药,我都按时服用了。你知道吗?那年我在病中听闻你被谪至九江,竟垂死病中惊坐起[1],冒了冷汗,病都好了一大半。

白:微之……

㊳ 这些年在官场做过的最骄傲的事情是什么呢?

白:在杭州疏浚六井,修堤蓄西湖水,以缓民间旱灾,以及在苏州开凿山塘河,凡事以利民的好事为先。

元:达则济亿兆,穷亦济毫厘。[2] 我在剑南东川弹劾权贵,在浙东兴修水利,振兴农业,使百姓们安居乐业,回京城任尚书左丞时仍然不改本色,直言进谏。

㊴ 二位有什么晚年愿望吗?

白:与微之共度晚年,来世也要一起过。

元:乐天,我们下辈子还要找到彼此。

白:一定。

㊵ 在这次采访结束之前,有什么话想对彼此说呢?

白(认真嘱托):悠悠天地内,不死会相逢。[3] 微之,珍重。

元(笑意不舍):君应怪我留连久,我欲与君辞别难。白头徒侣渐稀少,明日恐君无此欢。自识君来三度别,这回白尽老髭须。恋君不去君须会,知得后回相见无[4]……乐天,珍重。

---

1. 出自元稹《闻乐天授江州司马》。
2. 出自元稹《酬别致用》。
3. 出自白居易《重寄(一作重寄元九)》。
4. 出自元稹《过东都别乐天二首》。

040

大和五年（公元831年），元稹卒于任上，从此只剩白居易一人，蹉跎于世间十五载，直至会昌六年（公元846年）。

㊶ 居士，这些年都发生了什么？

白：微之他……十五年前已经不在世上了。那年他从越州回京城，马不停蹄地来探望闲居洛阳的我，不料，那次短暂的相会竟是永别。我与他，终究是进不得相合，退不能相忘[1]……

㊷ 那……我们的采访还要继续吗？

白：你且问吧，关于微之的一切，我全都知晓。

㊸ 二位今年多大岁数了？

白：七十四岁。微之是五十二岁那年病逝的，倘若他还活着，也已经有六十七岁了。

㊹ 听说元微之的墓志铭是您写的？

白：正是，他的家人坚持赠我润笔费，我坚决不收，他们也坚决不拿回去，我便将这六七十万钱都捐出去修缮香山寺了，这些功德皆归微之，希望能抵消他此生经受的所有苦难。

凭着这些功德，不知在下一次轮回时，能不能与微之在这片土地再次结缘呢？我唯一的愿望，便是来世再与微之携手，认出彼此，同游此地啊。

---

1. 出自白居易《与元微之书》。

㊺ 您一定梦见过他，梦中你们都做了什么事呢？

白：我梦见我们还是年轻人的模样，一道携手同游，一同打马吟诗……醒来之后，我只看见满眼枯黄的宿草，才知道那是我失去他的第八个秋天。

㊻ 十五年来是如何打发时光的呢？

白：人生莫羡苦长命，命长感旧多悲辛。[1] 这十五年，老友们渐渐离我而去，只剩我一枝蒲柳衰残身，每逢老友逝世，我都会想起微之，因此常常吟诵他留下的那些诗，不知不觉，泪水就已沾满了衣襟。

相看掩泪情难说，别有伤心事岂知。闻道咸阳坟上树，已抽三丈白杨枝。[2]

㊼ 如何总结您与元微之此生的情谊呢？

白：呜呼微之！贞元季年，始定交分，行止通塞，靡所不同，金石胶漆，未足为喻，死生契阔者三十载，歌诗唱和者九百章，播于人间，今不复叙。

㊽ 你们此生经历了太多苦难，若有来世，您希望生在更繁华的时代吗？

白：不，我偏要生于乱世，若有来世，我还要让我的讽喻诗传遍天下！而微之，我私心想让他生在更好的时代，不至于下辈子过得太艰难……但倘若他泉下有知，一定会和我做出同样的选择。

---

1. 出自白居易《感旧》。
2. 出自白居易《览卢子蒙侍御旧诗多与微之唱和感今伤昔因赠子蒙题于卷后》。

㊾ 下辈子，想在哪里邂逅微之呢？

白：就在这洛阳香山寺吧，等我撒手人寰之后，你们把我也葬在这香山。今生我大他七岁，来世他比我年长，倘若微之不记得这些事，来世我便在这香山寺门前，将今生那些故事，慢慢说给他听。

㊿ 若今生还有机会，最想对微之说的一句话是什么？

白：微之，微之……这些年来，阿卫和韩郎他们相继离开了，你在茫茫泉下可知道这件事？如今你长眠在厚土之下，而我这一介寄住在人间的过客，也快要出发去寻觅你了，再等等我吧，微之。

SPRING

春

春风得意少年郎

第一卷

VOLUME 1

赠元稹

自我从宦游,七年在长安。
所得唯元君,乃知定交难。
岂无山上苗?径寸无岁寒。
岂无要津水?咫尺有波澜。
之子异于是,久处誓不谖。
无波古井水,有节秋竹竿。
一为同心友,三及芳岁阑。
花下鞍马游,雪中杯酒欢。
衡门相逢迎,不具带与冠。
春风日高睡,秋月夜深看。
不为同登科,不为同署官。
所合在方寸,心源无异端。

酬乐天

放鹤在深水,置鱼在高枝。
升沉或异势,同谓非所宜。
君为邑中吏,皎皎鸾凤姿。
置我为参差。
昔作芸香侣,三载不暂离。
逮兹忽相失,旦夕梦魂思。
雀鼠弥山顶,宫树遥参差。
只得两相望,不得长相随。
多君发来意,裁作秋兴诗。
上言风尘苦,下言时节移。
官家事拘束,安得携手期。
愿为云与雨,会合天之垂。

第一章 与君初相识，犹如故人归

CHAPTER ONE

房昊·文

大唐书生，谁没梦过长安城？

这座城仿佛长了脚一般，日日夜夜跑进人的梦里说："你快来吧，这里有名门公子、千金小姐，还有九重宫阙、玉殿真龙。只要你提笔，满城目光都会聚焦在你身上。"

于是，少年们心潮澎湃，少年们跃跃欲试。

可等到少年真到了长安，这座城又会狠狠给他一脚，把他踩进尘埃里，说："这里只有西风残照、九重城阙，你个寒门出身的穷书生，凭什么踏进宫阙？三两热血，一砚笔墨，你什么都换不来。"

偌大长安城，前后数百年，不知埋葬了多少书生的傲骨、少年的脊梁。

元稹持杯站在曲江亭里，望着面前浩荡东流的曲江水，他有那么一瞬间的恍惚，以为这里边淌过去的不是水，而是汉唐多少行人泪。

元稹叹了口气，举杯饮尽手里的酒。

"只差一点，我也要泪洒曲江了。"元稹这般想着。

元家虽不是平民百姓，可元稹的父亲早早亡故，元稹永远记得八岁那年自己同父异母的哥哥对自己的冷嘲热讽，高高的目光投下来，宛如淅淅沥沥的雨。

这雨催着元稹的母亲带着两个幼子回了凤翔老家，独自抚养他们兄弟俩。

这雨也催着元稹昼夜苦读，催着他咬牙从贫寒的家里走出来。十四岁的少年郎，孤身去往长安城，要从这座城里拿到自己想要的东西，要让母亲不再这么劳苦煎熬。

大唐科举，向来有明经与进士两科，进士比明经要难许多。

所谓"三十老明经，五十少进士"——苦读到五十能中进士就算不错，三十岁才考取明经科，已经是天赋不高了。

当然还有难度最高的制科考试，只有考取了功名的学子才有资格考。

两者难度差别这么大，即便同样是科举及第，要面对的世态炎凉、仕途前程，也截然不同。

元稹站在礼部的大门前，他犹豫了片刻。他已经通过了乡试，只要踏进礼部，参加明经考试，如果能及第，获取功名，他就再也回不了头了。功名在身，是无法再次参加科举的，明经出身会跟着他一辈子。

元稹低头想：我要不要回去再准备几年？只要再准备几年，我一定能中进士。

他沉思了片刻，秋风从凤翔吹到长安，吹到少年青涩的面庞上，来来往往的人时不时扭头去看这个清秀孤直的书生，直至元稹长长吐出一口气，抬起头来。

四周的风、树与人群在元稹的眼里全成了模糊流动的江河，他大步踏进礼部，心想若自己再准备几年，受苦受累的还是母亲。

"明经及第又如何，我元九一样能登阁拜相！"

唐贞元九年（公元793年），十四岁的元稹明经及第，纵然这一科再容易，十四岁的少年还是让长安城的众人微微侧目。元家对这个十四岁的少年，也渐渐关照起来。只是这种关照，往往都带着特别明显的期待。

唐朝及第之后的学子，并不能立刻当官，他们还要等着各地官员出现空缺，再经过选拔，才能为官。这段时间，就叫作守选。而明经及第的书生，往往一守就是七八年，可七八年的守选过了，选官也未必能被选中。

元家也好，长安城里许多贵人也罢，对元稹的青睐无非是因为他年轻，即便守选两三次，而立之年也能任职了。人们期待的便是这个。

元稹望着来来去去的人，脸上的笑容一点点消失，他坐在堂前对着天，喃喃自语道："元九啊元九，你要兼济天下，你等得了那么久吗？"

这样的期待，也把元九看得太低了吧？

日色渐渐敛去，残月挂在中天，照得元稹的脸色越发苍白。元稹低头笑了笑，又拿起几本书，转身回了卧房。元稹当然等不了那么久，他也知道自己前些年为了明经及第，为了母亲不再这么劳苦，许多东西其实都没学。

没关系，元稹拍了拍手里的书，他含笑想道：我最不怕的便是学海无涯。

那几年里，元稹看策论，读陈子昂跟杜甫的诗，在长安城里漫游交友，见到无数生民血，无数荒唐事：太监强买强卖、官吏勒索百姓、豪富之家乃至僧人大兴土木，可偏偏他无能为力。这些东西堆积在他胸中，终于喷薄而出，在无人问津的角落里，元稹学诗有成。

二十首《寄思玄子诗》被送到京兆尹那儿，恰遇秘书少监王表在座，京兆尹读罢不由汗出，对王表道："使此儿五十不死，其志义何如哉？惜吾辈不见其成就。"[1]

感慨完，京兆尹还觉得不解恨，直接把家中的后辈全叫出来，指着他们鼻子骂了一通不学无术。

这事很快就传遍了长安城，元稹隐在人群之中，不由有些得意，明经及第的少年，也能再一次震动京城。只是长安城大，天才也多，谁都能当五分钟的主角，过了这五分钟，一切又回到了原点。

几年后，元稹在河中府任期满，二十四岁的他再次来到长安。

没人在乎他的梦想，没人关心他的诗名。守选的人那么多，有人等了十几二十年，已经白了头发，更有人家财万贯，背景深厚，无论如何也不可能轮到第一次守选结束的元稹。

大风大雪的时节，落选的消息传到元稹耳中。家里的仆人小心翼翼的，想劝劝自家郎君想开些，想说郎君您还年轻，机会多的是。可他们还没开口，就见到元稹自己笑起来。几个仆人面面相觑，心说郎君这么骄傲的人，该不是得失心疯了吧？

元稹提着笔，忽然振臂向上一刺，扬声对仆人道："你们抬头，看见天上的脚了吗？"

仆人们大惊失色。

元稹哈哈大笑道："莫慌，长安城惯于如此，这世道惯于如此，它要把年少轻狂的踩在脚下，要让热血沸腾的和光同尘，要把所有幻梦都变成现实里的蝇营狗苟。这世道跟长安城一样都有规矩，可我元九偏不想守这个规矩！"

"我早猜到他们不会让我过选官，没关系，我来长安，是参加制科考试的。"

几个仆人瞪大了眼，制科考试是大唐的另一种选官制度，通过了就可以立刻做官。可难度比考进士还高，而且专业性极强。比如最近的一场制科考试——书判拔萃科，要考考生对于大唐律法的理解，题目都是各种疑难杂案，而后让考生写判词。判词要优美，判决要准确。

元稹看这几个仆从的表情，当即笑得更大声了。

---

1. 出自元稹《叙诗寄乐天书》："秘书少监王表在座，顾谓表曰：'使此儿五十不死，其志义何如哉！惜吾辈不见其成就。'因召诸子训责泣下。仆亦窃不自息，由是勇于为文。"

这些年里，元稹做了无数题，又自己给自己出题，写下了百余道判词，给诸多长辈看过，无人能挑出他的错处。

除了学诗，元稹学法同样有成。

元稹深吸口气，起身眺望长安城，他的双眸灿若星辰，他在想：且看元某之才，能不能挡住长安城对庸庸碌碌之辈踩下的这一脚。

贞元十九年（公元803年），二十四岁的元稹走出考场，意气风发。

跟他同样潇洒走出大门的还有个比他年纪稍大的考生，顾盼之间，同样是一副胸有成竹的模样，在考生之中，他们两个格外与众不同。

元稹凝眸望过去，恰对上那人转头看过来。

四目相对，两人寒暄一笑，元稹当先自报家门道："洛阳元九，元稹元微之。"

那人也笑，笑起来不似元稹这般带着些孤傲跟倔强，反而有点世事无忧的洒脱，他冲元稹拱手道："太原白二十二，白居易。"

两人互相一点头，又各自消失在人潮之中。

几日之后，元稹果然收到自己高中的消息，他将会入秘书省任校书郎，礼部还为他们这些高中的人办了宴会，宴会地点便在曲江亭。

仆人们欢欣雀跃，一边冲元稹喋喋不休，一边赶紧分出个人去，回家报给老夫人。

"九郎真是神人，九郎真是神人！"

元稹就在那儿摆手："何必如此激动，元某能中，不是理所当然之事吗？"

仆从连连点头，然后又笑："郎君，你嘴角都压不住了，别忍着啦。"

元稹当即大笑起来，他的笑声回荡在暂住的道观里，乘风飞进长安城，飞去凤翔府[1]。这笑声孤傲轻狂，回荡良久，像是要告诉天下人，要有个天纵之才，来替众生铲恶锄奸了。

笑声渐歇之后，白居易的身影忽然跳进元稹脑海里。元稹想：这人风姿绰约，不知是否有缘，能跟他相交共事呢？

元稹想起白居易的笑，就莫名觉得他也一定能中。这让元稹对即将到来的曲江宴，又多了

---

1. 今陕西省宝鸡市凤翔区。

几分兴致。

　　开宴那天，元稹站在曲江亭里缓缓扫视同窗，一杯酒在手中端了许久，仍旧没见到白居易的影子，元稹不由有些怅然。

　　跟他一起高中的要么年纪比他大许多，要么官宦世家出身，早也熏得一身官气，这让元稹百无聊赖之下，更想白居易了。

　　"如果白二十二在，应该不会像这些人一样。"元稹望着东去的曲江水，心想老白怕不是已经被长安城给吞了，连自己都险些被长安吞去最好的年华，何况别人呢？

　　元稹一番喟叹，饮下了杯中酒。酒入喉中，还未及入腹，元稹就听到不远处传来一阵长笑："诸君见笑，诸君见笑，白某来迟了！"

　　元稹匆匆抬头，恰见白居易笑着冲众人施礼，他下意识想开口说话，却被酒水呛到，连咳数声，咳弯了腰。再起身时，一片白色的衣角从眼前滑过，元稹恍惚间仿佛见到了云间风月。

　　白居易不知何时已来到他的身边，冲他笑道："微之，无妨吧？"

　　元稹也笑，摇头道："自然无妨，但你来迟了，须得罚诗三首。"

　　这话一出元稹就有点后悔，他想这世上也不是什么人都能立刻作出三首好诗的，更何况这次曲江宴上的，皆是书判拔萃科的同窗，万一白居易作不出，多尴尬啊。

　　元稹正欲收回自己的话，便见白居易目光一亮，抚掌道："好，白某正有此意！"

　　元稹一怔，接着他就听到白居易作出三首好诗，写江水，写群贤，写过往风霜，也写前路茫茫。

　　元稹忍不住鼓掌，他从没见过同辈里有谁写诗写得这般快，又这般好。他当即便开口唱和，依着白居易的韵，又连作三首，眼瞅着白居易看他的目光也不同寻常起来。

　　两人越吟声音越大，看彼此的目光便越亮，直到共吟一首诗才作罢。两人齐齐大笑，四周早已聚满了叫好的前辈同窗。

　　酒杯递过来，白居易跟元稹一饮而尽，彼此怎么看怎么顺眼。

　　官场上的前辈笑呵呵地点头，说曲江宴上吟诗，向来是科考美谈，只是你二人考书判拔萃科，倒还有桩别人做不来的事。

　　元稹一怔，问前辈道："不知是何事？"

前辈笑道："微之给自己出题，写了百余道判词，你怕是不知白乐天也跟你一般，自己出题自己写，同样是百余道判词。你二人文辞优美，判决准确，可为后世学子师也。"

两人又一次对视，四只眼睛里写满了讶然。

那天元稹跟白居易聊了很久，白居易知道了他的平生往事，他也听说了白居易这一路是如何走来的。

白家虽也是官宦世家，可全是基层官吏，原本长辈给白居易规划的路线也大抵如此，可白居易偏偏不服。

"这世道如此，这宗族如此，可我不甘心。"白居易从知道这世上有进士科之后，便下定决心考进士。

元稹可太知道进士有多难考了，除了有才学之外，还要有名声，毕竟大唐的科举不糊名，进士又不像明经有标准的答案，如果你一点名声都没有，考官录取你都显得不公。

因此白居易从小就特别努力。

那些年里，白居易看书时会把手肘撑在桌上，在日复一日的苦读之下，手肘都会被磨破，而他读书也是真的出声在读，读到口舌生疮，犹不停歇。

大抵是十几岁的时候，白居易学诗有成，可突发一场大病让他几乎死掉，病愈后仍心有余悸的他写下了那句名句："大都好物不坚牢，彩云易散琉璃脆。"[1]

到二十多岁，白居易的诗才已经比当年名震长安的元稹更高一筹了，可等他来到长安，这座城依旧想像吞掉寒门少年一样把白居易吞掉。

那血盆大口已经张开了，权贵们连白居易的诗都不看，好不容易递到高官府上，高官也只是看他名字有趣，兴致来了才看一看。

"居易？长安米贵，居也不易啊。"

直至顾况翻阅到白居易的诗文，当他看见"野火烧不尽，春风吹又生"一句时，不禁拍案叫绝。顾况笑道："有句如此，居亦何难？"

当日顾况就叫来白居易，两人谈诗论文，宴饮大醉，这诗从顾况家传出后，白居易名动京城。

原本白居易可以凭这阵东风直接参加科举，可又赶上父亲去世，白居易只能回家守丧三年。

---

1. 出自白居易《简简吟》。

三年过去之后，长安城已经忘记了白居易的名字。

尽管白居易已经快三十岁了，但他挥毫写诗之时光芒万丈，长安挡不住他，谁也挡不住他。

因关中饥荒、河南叛乱，白居易从小就跟随家人四处颠沛流离，几个兄弟姐妹也渐渐天各一方，各自有各自的沧桑。他身上背着中唐的风霜跟孤独，等到他通过了宣州的乡试，跋涉到长安，这些伤痕与惆怅凝成了一首苍凉宏阔的七律——

时难年荒世业空，弟兄羁旅各西东。

田园寥落干戈后，骨肉流离道路中。

吊影分为千里雁，辞根散作九秋蓬。

共看明月应垂泪，一夜乡心五处同。[1]

这首诗若投去王公大臣之门，谁能不高看白居易一眼？

凭才学，白居易同样自傲，他磨破的手肘、生过疮的口舌，都足以证明没人能轻易胜过他。只要他入了这些大人物的眼，不会因自己名声不显而被黜落。

二十八岁，在别人还在明经科备考挣扎的年纪，白居易高中进士。

白居易跟同榜进士一起游大雁塔时，他仰着脑袋，笑容灿烂，挥毫留诗：慈恩塔下题名处，十七人中最少年。[2]

天下英才济济，今年只有十七人中了进士，而在这十七人中，我最少年！

既然如此，白居易又岂能甘心守选多年，他一刻都不愿等，他学得已经够多，只剩大唐律法不太娴熟，还不曾刻苦攻读而已，白居易怕过谁？

两年不到，白居易学法大成。

走出考场的那天，白居易心满意足，扫视忧心忡忡的各位同窗时，忽然见到了另一个身姿格外挺拔、面庞格外年轻的郎君。

两人相视一笑，彼此都有种莫名的熟悉感。

只是他们像两滴水落进长安的大潮之中，没来得及多叙，就散落海中。直至曲江宴上，前辈引见，诗歌相和，两双眼睛如星似月，你一言我一语，你话平生，我诉过往，不知不觉间两

---

1. 出自白居易《望月有感》。
2. 出自白居易《句》。

人齐刷刷红了眼眶。

地上杯盘狼藉，也不知喝了多少杯酒。曲江宴好像早就散了，人们三三两两回家，可曲江宴又好像没散。

白居易跟元稹互相扶着，仍旧走在一起，高谈阔论，说这些年大唐的弊政，说这世道吃掉的岁月，说人已过少年却还存在心间的轻狂热血。

那天究竟是怎么分离的，他们已经全不记得了。

只记得天很高，云很蓝，凛冽的西风已经吹尽了，万里春风从元稹的耳畔掠过白居易的鼻端，然后他们找来找去，在彼此的眼睛里找到了春天。

你的勤奋我的刻苦，你的志向我的风骨。

与君初相识，犹如故人归。[1]

这不是故人，是这个世上的另一个自己。

人生得一知己，死而无憾。

---

1. 出自杜牧《会友》。

紫陌红尘处处随

第二章

房昊·文

人在江湖，身不由己，长安城水深，踏入官场之后，往往只能随波逐流，要想不随波逐流，就要用更大的力气。

日上三竿，白居易在床上伸了个懒腰，嘴角还挂着美滋滋的笑。

"乐意随波逐流的就去和光同尘，乐意挣扎向上的就去披荆斩棘。人在江湖，反正我乐得逍遥。"卧室里传来白居易的三声大笑，让早早起床扫完庭院的仆人愣在当场。

这个郎君啊，给钱大方，也把人当人，会关心衣食，但偏生就是三十多岁的人了，一点都不知道稳重。太阳这么大了，还不上班，这好日子能过多久啊？

"吱呀"一声，仆人赶紧做好表情管理，回头看去。

白居易已然穿戴好了，满面春光，劈头就问："崇敬寺的牡丹是不是开了？"

仆人："啊？"

白居易目光灼灼，又问道："元九有没有空？"

仆人："啊……啊？"

白居易哈哈一笑，长袖甩开，大步流星踏出门去，冲仆人丢下一句："这时节牡丹必定已经开了，我去找元九，元九岂会没空？"

仆人嘴角抽搐两下，再次愣住。

白居易走出院落，骑马去找元稹。路上春风吹呀吹，白居易的心也便悠然起来，他又想起之前跟元稹聊起的一些东西：历历人生，所有尘事，只要动心起念，皆可成诗。

于是白居易就写诗：

三旬两入省，因得养顽疏。茅屋四五间，一马二仆夫。俸钱万六千，月给亦有余。既无衣食牵，亦少人事拘，遂使少年心，日日常晏如。[1]

一个月只打卡上班两次，还有一万六的收入，能买得起一个大院子，院子里还有四五间房，还能雇得起仆人，养得了马。衣食无忧，他对校书郎这份工作还是非常满意的。

白居易人在马上，收了笔墨，想起崇敬寺的牡丹，嘴角翘得能吊起一头牛。最满意的还是元稹跟我一样闲，能跟我一起游长安。

马蹄嗒嗒，公卿们忙忙碌碌，白居易悠哉穿过长安城，来到元稹家门前，也没跟谁客气，

---

1. 出自白居易《常乐里闲居偶题十六韵兼寄刘十五公》。

径直大声道:"微之微之,崇敬寺牡丹该开了,去看啊!"

元稹也刚起床没多久,当即扬声回道:"马上马上!"

白居易笑呵呵:"不急不急。"

风从门里吹到门外,从白居易的笑脸上吹到元稹迫不及待的眼底,当然也掠过了元稹家的门房。

门房从白居易来就准备寒暄,准备通报,脸上的表情都准备好了,没承想白居易根本没看他,一来就扯着嗓子喊元稹,而元稹也隔着个大院子回他。

门房的表情僵在脸上,心道:不是,你们两个读书人,喊这么大声合适吗?合适吗?

待到两人出门的背影渐行渐远,门房已经放弃挣扎了,他开始怀疑这个家过两天就不需要自己了。这一年多里,白居易几乎天天都来找元稹,一开始还经过门房通报,到现在已经直接喊了。

门房能有什么办法,门房也很焦灼啊。

元稹不这么觉得。

这一年多来,是元稹平生最快乐的日子,他从贫寒的家境里走出来,撞上四面八方将他看低的眼光,他以为这个世界对自己总是这般凉薄,所以自己的使命就是当一把锋利的剑,去刺破喑哑的大唐。没想到自己所有的蹉跎,都是为了跟一个知己相遇。

元稹有时候都会想:如果自己没这些倔强的傲骨,没这样夜以继日的刻苦,会不会见了白居易,也没法跟他这么投缘?

当校书郎的日子其实并不长,满打满算才三年,元稹未来在长安的日子就更少了。可元稹总觉得这段时间长得好像有一辈子,每当多年以后的他惴惴不安、忧虑惆怅时,只要一回头就仿佛又回到了那些年的长安。

朋友们都在身边,辛立度性子迂但好喝酒,李绅被他们戏称"短李",可诗是写得真好。当然还有白乐天。

只是这些日子偏偏又很短,好像不过是几个画面就已经结束了。明明中午刚跟白居易吃了饭去崇敬寺看牡丹,不一会儿便暮云四合、晚霞横陈了。

忽然，"迂辛""短李"这些朋友又都来了，一群人聚在唐昌观的一个房间里玩通宵。大家喝酒、写诗，写不出来的喝酒，写不好的也喝酒，实在有人输得告饶，就摆开棋盘接着下棋。

每当这个时候，元稹总会抬头去看身侧的白居易。白居易端着壶酒，冲他一挑眉："反正我跟元九是不会输的，要下棋我俩不下。"

然后就被一群人哄闹着争辩回来，白居易笑得东倒西歪。元稹在回忆里目光也随着白居易而晃动，他见白居易倒下去，整个世界也便倾倒过去。

地在天，天在地，元稹一刹那见到了明月。唐昌观里的画面结束了，慈恩塔顶楼的夜风浩荡，白居易的手搭上元稹肩头。

"微之，微之，这么好的月色，岂能我一人独享啊？"白居易的笑语传入元稹耳中，一直响到许多年后。

还有游玩曲江池、昆明池，有时候跟朋友一起，有时候只有白乐天。但无论如何，元白总是在一起的，高歌在一起、饮酒在一起、通宵在一起，赏月、学琴都在一起。他俩无话不谈，无诗不寄，日常牢骚也乐得对彼此说。

秋风起时，白居易给元稹写诗：

不堪红叶青苔地，又是凉风暮雨天。

莫怪独吟秋思苦，比君校近二毛年。[1]

所谓二毛，便是既有黑发又有白发。当时的白居易三十出头。

三十出头的白居易容易伤春悲秋，只是要把这首诗送去给元稹的时候，白居易也不知是怎么了，忽然就伤悲不起来了。还没见元稹，白居易就忍不住开心起来。

仆人眉头大皱，跟着白居易这么些年，不会作诗也会读了，他说："郎君啊，你这分明是幽怨惆怅之诗，怎么还高兴起来了？"

白居易笑呵呵道："你不懂，西风萧萧，鬓生白发，是让人幽怨惆怅，可末句想到元微之，微之定能宽慰我。"

仆人沉默了片刻，心想我就多余问……

到了元稹家，白居易下马就进，门房张了张嘴想通报一下，最后还是没有出声。

---

1. 出自白居易《秋雨中赠元九》。

白居易把诗送给元稹，元稹看罢，并没有觉得老白的伤春悲秋不重要，他当场就给白居易回诗一首：

劝君休作悲秋赋，白发如星也任垂。

毕竟百年同是梦，长年何异少何为。[1]

白居易：别怪我容易悲秋，毕竟我比你年纪要大一些。

元稹：百年不过一梦，年纪大些小些又有何妨？

这两首诗放在一起，白居易忍不住放声大笑起来，拉着元稹就出去喝酒，两人又是一场大醉。当时年少，总以为这场醉梦，可以一生都不用醒。

元白二人在长安仿佛有说不完的话，元稹成亲之后也常去洛阳，只不过因为家事多耽搁了几个月，白居易就已经开始寄诗了。

那天白居易漫步西明寺，恰见牡丹花盛开。白居易当即倒吸一口冷气——这可跟我没关系啊，这是牡丹让我触景生情。

白居易能有什么办法，此情此景，白居易只好写诗。

前年题名处，今日看花来。

一作芸香吏，三见牡丹开。

岂独花堪惜，方知老暗催。

何况寻花伴，东都去未回。

讵知红芳侧，春尽思悠哉。[2]

元微之啊元微之，当日你我同为寻花之伴，如今春天都快过去了，你怎么还不回来啊？

或许是白居易写诗催了，或许是家事已经处理完了，当然最可能的是他们两人的校书郎之职任期已满，元稹这一年还是如白居易所愿，很快回到了长安。

只是这次回来，两人就没空天天饮酒作诗，赏花赏月玩游戏了。校书郎三年任期已满，要谋求新的职位，还是从前那两个办法——要么守选待缺，要么参加更难的制科考试。

白居易跟元稹对视一眼，双双一笑，这还用选吗？当然是一双笔刺破考场，不叫长安蹉跎

---

1. 出自元稹《酬乐天秋兴见赠，本句云莫怪独吟秋兴苦，比君校近二毛年》。
2. 出自白居易《西明寺牡丹花时忆元九》。

了岁月。

于是两人从家里搬出，合住在华阳观中，闭门苦读。

这次两人要考的是"才识兼茂明于体用"科，这一科主要考策论，题目基本是家国大事，要答出相应的建议、具体的措施，才有望被录取。

元稹跟白居易搜罗了不少前人策论，学写法、学思路，两人写完一篇策论就互相交给对方品评，挑出毛病来再进一步推敲。那两年里，论写诗白居易教了元稹一些，而论写策论，元稹则更全面细致一些。

既然是研究策论，对朝廷的政策走向、考官喜好两人也有研究，只是研究完了两人就纷纷沉默下来。

来华阳观探望两人的李绅一进门，就见到愁眉苦脸的元白二人。李绅笑了："策论而已，难不倒你们吧？"

白居易大幅度摇头："不是策论而已，策论好写，人心难测啊。"

元稹直言不讳道："人心也没什么难测，这十几年来，策论全要柔和的、细致的，对攻讦奸佞、改革弊政之事几乎统统闭口不谈。可修修补补，大唐何时才能重现贞观开元之世？"

李绅不笑了，"四海无闲田，农夫犹饿死"[1]这是他的诗；"谁知盘中餐，粒粒皆辛苦"[2]同样也是他的诗，道理他早就明白。不只李绅明白，大唐士大夫之中也少不了看穿这些的聪明人。

前几年朝中风起云涌，刘禹锡、柳宗元跟他们的前辈一起缔造了"永贞革新"。只可惜这场革新匆匆而来，又匆匆失败，革新的大臣纷纷被贬，新法也付诸东流。

"为之奈何啊！"李绅一声叹息，来找好友游玩的心思也淡了。

"是否奈何，暂且不论，君子有所为有所不为，当为自为之！"元稹霍然起身，他看了眼李绅，又回望白居易道，"这场制试，我要以激烈之言，革天下之弊。"

李绅惊讶道："你不想中试了？"

元稹笑道："读了这么多年书，若只是为中试，那我元九便白读了。"

李绅眨眨眼，又瞅着白居易道："你呢，你也跟他一起发疯？"

---

1. 出自李绅《悯农二首·其一》。
2. 出自李绅《悯农二首·其二》。

白居易坐在案前双手一摊，粲然一笑道："白读了，白读了，白某也是读了书的，元微之读成君子，白乐天怎么也不能当小人吧？"

李绅张张嘴，正想说点什么，就看到元稹跟白居易对视一眼，笑得无比璀璨。李绅忽然感觉自己很多余……成吧，反正你们考不上，我还有点俸禄，再接济你们便是。

自从定下了这个志向，元稹跟白居易竟觉得备考轻松了许多。他们不需要再考虑那么多考官的心思、朝廷党派之争，他们只需要把自己这些年看到的问题、想到的解决办法都一一记下，那问题这么多总能碰上考题。

元稹有时候从观里出去，搜罗回一箱因提及改革而落选的策论回来。

白居易看了就笑："微之，微之，你箱中尽是不祥之物啊。"

元稹也笑："看看不祥之物也好，取其精华，去其糟粕，三人行必有我师嘛。"

白居易应了声好，撸起袖子又来一起研究策论。就这样，在华阳观中闭关数月后，他们迎来了制科大考。

在这场大考里，元稹以笔为剑，以墨为刀，写"吏理无考课之明，卒伍废简稽之实，百货极淫巧之工，列肆尽兼并之贾。加以依浮图者，无去华绝俗之贞，而有抗役逃刑之宠，假戎服者，无超乘挽强之勇，而有横击诟吏之骄……"[1]从官吏到商贾，从商贾到僧人，从僧人再到军阀藩镇，没有元稹不敢骂的。

而且元稹骂完之后是真给解决办法，如何考察官吏、如何抑制商贾、平衡税赋，对付军阀要兴耕战之术，选拔官员要开两科，但不是明经与进士，而是学士与文士。文士便如进士，以诗赋判论为核心；学士则以经史法礼为核心，各司其职。

这类提议胸怀天下，这等建议有宰相之资，即便言辞激烈，政策有革新之势，可当朝皇帝也是有判断力的。他翻来覆去看了又看，深吸口气，还是决定录了此人，并把此人擢为第一。

这人都是第一了，那同场之中另外一份风格相同且同样言之有物的策论，自然也被录取了。

几天之后，消息传到元稹和白居易耳中时，他们还在曲江游玩。两人闻讯面面相觑，怎么也没想到他们这样写竟然还能过，元稹还是头名！

白居易首先反应过来，他指着愣愣的元稹大笑道："微之，微之，大唐还容得下一把好剑、

---

1. 出自元稹《对才识兼茂明于体用策》。

一把快刀！今日你请客，不醉不归！"

　　日光洒在曲江上，浮光金灿灿的，又跃在元稹眉梢眼底，他对白居易重重点头："好，不醉不归！"

　　那时的他们还很年少，风也轻柔，云也轻柔，春风得意的时候，只以为世间风浪都如科举，凭笔墨血气都能烟消云散，凭知己一笑便能海阔天高。

　　可惜如胶似漆[1]的时节，终究要过去了。

---

1. 白居易《和微之诗二十三首·和寄乐天》："然自古今来，几人号胶漆。"其中"胶漆"比喻情谊极深、亲密无间。

诗歌

房昊·文

合为事而作

第三章

CHAPTER THREE

长安城的东门，迎来送往者将之称为青门。

西风吹落桐树花，潇潇暮雨送行人，元稹回望这座长安城，不由苦笑起来：人这一生，际遇变化之快，实在难以捉摸。

前不久，元稹高中制科考试头名，如今他已经是左拾遗了。这是杜甫与陈子昂曾任过的职位，元稹学诗便是学的这二人，自然也兴致勃勃，要在左拾遗的位置上干出点动静。

所以元稹一到任就开始写奏折，一写就是五六篇，从如何教太子到西北战事方略全都给出了自己的建议，这些建议还都有可取之处，把唐宪宗都给惊到了。

没过几日，唐宪宗就私下召见了元稹，问他对国家大事的具体看法，详谈治国之策。但这样的好日子还没过多少天，元稹写的某个攻击弊政的奏折就惹恼了当朝宰相，宰相一番操作之后，把元稹贬为了河南县尉。

从四月高中头名，到九月被贬出京，元稹的左拾遗只当了五个月。

那年头收到被贬的公文是要即刻动身的，虽然元稹母亲正生着病，但是他也没法逗留，所以元稹只来得及让仆从告诉朋友们这个消息，就孤零零地在凄风冷雨里匆匆离开。

元稹望着苍茫山色和深深宫城，终于感受到官场上无处不在的风浪与恶意，这让他不禁感到有些孤独。

好在这份孤独很快就消解了，元稹离开青门不久，忽然听到身后响起一阵马蹄声，他回头望去，只见自己留在长安的那个仆从又赶来了。

元稹皱眉道："不是让你留在京城，以防友人不知元某去向吗？"

初秋的细雨里，那仆从策马跑出一头大汗，从怀里掏出一封信道："我去白郎君家了，白郎君当即写了首诗给您，嘱咐我赶紧送……"

仆从的话还没说完，元稹已伸手接过白居易的信。

那里边只有薄薄一张纸，六行诗，清秋的雨水滴落笔墨之上，元稹恍惚看到有氤氲的雾气升腾起来，充斥他的肺腑，温暖他的心脏。

零落桐叶雨，萧条槿花风。

悠悠早秋意，生此幽闲中。

况与故人别，中怀正无悰。

勿云不相送，心到青门东。

相知岂在多，但问同不同。

同心一人去，坐觉长安空。[1]

遇上萧萧风雨的不只是你，同样也是我，白居易此时在家里怅然东望，也不知自己这首诗能不能来得及安慰微之。隔着重重雨幕、道道城门，元稹蓦然凝眸，好似对上了白居易投来的目光。

元稹冲白居易的方向挥了挥手中诗，他虽然知道朝堂里云谲波诡，这世上也多有大风大浪，但他相信自己无论去向哪里，都不会孤单。

元稹洒然打马，向东而去。

只是命运似乎见不得元稹春风得意，他刚到洛阳，席不暇暖，就又一次接到了长安的消息。

来人泪眼通红，冲元稹夫妇痛哭道："郎君，老夫人去了！"

那个亲自抚养元稹长大，亲自教元稹读书，明明也是大家闺秀，却要灯下刺绣、劳苦生活的女子，刚看到孩子意气风发了几个月，便溘然长逝。

元稹抬手遮了遮太阳，秋日的阳光在这一刻格外刺眼，他晃了晃身子，眼前发晕，险些跌在地上。

元稹又从洛阳狂奔回长安，一路上，他整个人都像块木头，对外界的安慰跟问候都全无反应。直至抵达长安，见到亡故的母亲，元稹这块木头才又变回人。他走到母亲灵柩前的那几步极不协调，走得歪歪斜斜、踉踉跄跄，扶住灵柩看到亡母遗容的那一刻，元稹才彻底稳定下来。那张他熟悉的、亲切的、让他安心的面庞此刻无比安详。

元稹忽然听到一阵沙哑的哭号，他想这是谁在哭号，谁不让我娘安安静静地躺会儿。接着亲朋好友都来拉他，把他从灵柩前拉回来，元稹才发现自己满脸的泪。

---

1. 出自白居易《别元九后咏所怀》。

——原来是我自己在哭。

此时的白居易已经去了周至县当县尉,这次不能在元稹身边,只好在县衙里焦灼踱步,踱了半天还是不放心,想到他哀痛便主动为他母亲写墓志铭,又虑他丁忧拮据便送钱资助他。

因丧仪累倒在病榻上的元稹,捧着白居易写下的墓志铭,又一次泪流满面。

……夫人为母时,府君既殁,积与稹方髫龀,家贫无师以授业,夫人亲执《诗》《书》,诲而不倦。四五年间,二子皆以通经入仕。稹既第判入等,授秘书省校书郎。属今天子始践阼,第三科以拔天下贤俊,中第者凡十八人,稹冠其首焉。由校书郎拜左拾遗,不数月,谠言直声,动于朝廷……噫!昔漆室、缇萦之徒,烈女也,及为妇则无闻;伯宗、梁鸿之妻,哲妇也,及为母则无闻;文伯、孟氏之亲,贤母也,为女为妇时亦无闻。今夫人女美如此,妇德又如此,母仪又如此,三者具美,可谓冠古今矣。[1]

这篇墓志铭盛赞元稹母亲,又提及元稹的功名风骨,言外之意,则是伯母之德冠绝古今,她自然会以你为荣,她去时没有遗憾了。

元稹母丧期间要守孝三年,这三年里白居易始终在外地任县尉,两人在没法见面的日子里常常以诗信相答。

有时白居易对元稹感慨,说县里的百姓真艰难啊!足蒸暑土气,背灼炎天光[2],而自己什么都没干还拿这么多俸禄,太不好意思了。

有时元稹向白居易吐槽:城里的达官贵人实在太嚣张,底层的小吏也根本没人管,百姓耕的田如此贫瘠,赋税却还按耕地大小来算,太不公平了。

你来我往之下,两人一拍即合,在大唐文坛掀起了一阵狂风,名曰新乐府运动。

那些年没人写的乐府诗又被他们拿出来写,而且要创立新的题材,把百姓疾苦写下来,能不能真的配乐歌唱,那不重要,主打的就是形式自由、内容讽喻。

白居易和元稹越写越多,他们写卖炭翁的凄凉,写边镇无法收复西凉,只会捉弄西凉妓,写白发宫女仍旧无法出宫门,写太监借采买之机欺凌百姓……

两人遥遥相隔,却好像近在咫尺,心有灵犀。

---

1. 出自白居易《唐河南元府君夫人荥阳郑氏墓志铭》。
2. 出自白居易《观刈麦》。

元稹为白居易的诗激动振奋，他给白居易写信，肯定白居易以诗歌反映现实的创作方式，欣赏其诗歌的通俗易懂。

白居易看后哈哈大笑，弹着信纸，心想知己还得是微之。于是又回信言："如今的诗'余霞散成绮，澄江静如练'[1]，美则美矣，可不过是嘲风月、弄花草，这样下去，风雅比兴迟早全无，诗也没什么好传世的了。"

两人来回传书，最终喊出了那句震动文坛的口号："文章合为时而著，歌诗合为事而作。[2]"

而目的也很简单——"使下人病苦闻于上"。

这场新乐府运动，彻底让白居易和元稹名扬天下。不过这种名声，并不是什么好名声。

白居易新乐府写得多，自然也写得久，他从县尉任上一直写到回京。回京之后，白居易也当上了左拾遗。

朝廷固然是想培养这两个大唐最有才华的年轻人，可元稹的策论锋芒毕露，白居易则狂写讽喻诗。在长安诸公眼里，他俩也未免太不给面子了。

怎么泱泱大唐，只有你们两个年轻人不染尘埃吗？

白居易可不管，他见到什么事就写什么诗。那年大旱无雨，皇帝下罪己诏，白居易上了奏折，申请免除受灾地的赋税、释放宫人，皇帝都允了。而后就真的下了一场大雨，白居易美滋滋地写诗，言陛下下罪己诏不如施善政，陛下天资英断，只要善始善终，一定能恢复大唐盛世。

见了这诗的朋友纷纷摇头："你可知许攸怎么死的吗？太不合时宜了。"

白居易眨眨眼，了然于心，那他再写别的。而后白居易一个朋友孔戡病逝，他洒泪写诗表明自己知道他的梦想与才能，哀叹大唐又埋葬了宝贵人才。

人言明明代，合置在朝端。

或望居谏司，有事戢必言。

或望居宪府，有邪戢必弹。

惜哉两不谐，没齿为闲官。[3]

---

1. 出自谢朓《晚登三山还望京邑》。
2. 出自白居易《与元九书》。
3. 出自白居易《哭孔戡》。

这诗一出来，白居易当时的同僚，负责劝谏的诸公已然面色不善，认为他指桑骂槐，指责他们有事不言、有邪不弹。

同僚之间的态度白居易当然也有所察觉，可白居易不在乎，十首《秦中吟》道尽了当时的政治弊端与民生疾苦。

意气骄满路，鞍马光照尘。
借问何为者，人称是内臣。
朱绂皆大夫，紫绶或将军。
夸赴军中宴，走马去如云。
樽罍溢九酝，水陆罗八珍。
果擘洞庭橘，脍切天池鳞。
食饱心自若，酒酣气益振。
是岁江南旱，衢州人食人！[1]

《秦中吟》掀起的轩然大波，让白居易在京城里的风评隐隐有了变化。从前提起元白，那都是大唐最有才华、最潇洒、最意气风发的年轻人。如今再提起元白，权贵子弟、高官门人皆不屑一顾、嗤之以鼻，说不过是两个沽名钓誉、诽谤朝廷的疯狗而已。

还有些朋友老成持重，倒也不避着白居易，只劝他这些诗最好还是别写了。

白居易笑道："写这些诗，是白某错了？"

朋友们摇头："许多事没有对错可言，只是不合时宜。"

白居易还在笑，眼里却没有丝毫笑意，他定定望着朋友："如果自《诗经》传下来的风雅颂都变得不合时宜，如果替百姓说几句话都变得不合时宜，那大唐是该有人来分对错了。"

朋友们无话可说，只能渐渐不跟白居易聊诗、聊时事。白居易在长安，颇有些形单影只的味道了。

可白居易没有丝毫退缩，他经常在深夜里披衣而起，眺望城外，那里芳草萋萋，那里天高云淡，他望着吐出口气："微之，微之，你也快要回来了。"

"你有你的风骨清正，我也有我的不曾弯腰。"

---

1. 出自白居易《秦中吟十首·轻肥》。

举世皆非的岁月里，只有元稹仍旧带着激情与热血，带着笑容与美酒，从信中披星戴月而来，去见孤军奋战的白居易。

元和四年（公元809年）二月，因新宰相看重元稹的策论，召他进京，任监察御史。

那天北风冻骨、晚雪初晴，白居易脸颊红红的，硬是站在城门外等，仆从裹紧了衣服，对自家郎君颇为无奈。当元稹的身影从远处缓缓走来，白居易就大步向前迎去，一把抱住了归来的元微之。

元稹拍拍白居易的肩膀：“白兄，辛苦你了。”

白居易哂然道：“有微之懂我，谈何辛苦？”

白居易拉着元稹回长安，回他们熟悉的崇敬寺、华阳观，回他们醉过酒的宅子，以及骑马经过的高楼边，两人一路谈笑，诗兴比酒还浓。

之后的几十天里，长安城的权贵与官吏总算松了口气。太久没见的元白终于有了别的兴致，没再用鞭辟入里的诗文来讽刺他们的贪婪虚伪，两人看山是山、看花是花，宴饮唱和，游山玩水，终于有点大唐士大夫的模样了。

贵人们捋着胡子纷纷感慨，元稹就是白居易的笼子，没有元稹，白居易是真会乱咬人的。只是他们也没想到，白居易能在文坛兴风作浪，那元稹与他志趣相投，又岂是庸庸碌碌之辈？

元和四年，白居易倡导的新乐府运动方兴未艾，元稹也走马上任，当了监察御史。

西南有桩贪污案，主犯任敬仲官职不大，元稹只要去走个流程，很快就能回京述职。大好的前途摆在面前，监察御史再往上升便是地方大员了。这是朝廷释放出的善意，这是器重元稹的大人物们给他的一场再简单不过的试炼。

离开长安的时候，白居易去送他。清明刚过，暮春时节，春风吹过十里亭，酒杯里映出桃李色。

白居易恋恋不舍：“这才相聚几天啊，你又要走了。”

元稹无奈喟然道：“官家事拘束，安得携手期？愿为云与雨，会合天之垂。”

“放心吧，长安有圣人，长安也有知己，我会尽量早回跟你一起同游曲江。”

三巡酒罢，元稹打马上路。

这时元稹也好，白居易也罢，都没意识到西南一行会彻底改变他们的人生，也没有意识到任敬仲的背后是多大的一个案子。

若是换了旁人，或许还能见风使舵，看眼色，懂规矩。可谁让这次去的人是元稹呢？

谁让一颗少年心，最能挣脱昏暗锁。当然，也最能烫伤自己，烫出十余年坎坷蹉跎，屡经风波。

大唐制科考试备考

小栏目

攻略分享

EXAM STRATEGY

顾闪闪·文

@大做梦家白居易　　　　　　　　　　　　　　+关注

认证：三榜考神，进士出身，曾在元和元年（公元806年）吏部主办"才识兼茂明于体用科"考试中及第。

[内附制科考试技巧 + 学霸笔记《百道判》《策林》完整版，同学们可以打开后文新课标Ⅱ卷元白诗词卷高考真题（长安卷）进行掌握程度测试。]

👍 4321 人赞同了该文章

一年一度的科举考试又要开始了，据内部消息，这场科举过后，朝廷还将于明年春天举办号称"基层官员飞升跳板"的制科考试，各位学子都准备好了吗？

每年一到这个时候，来我家门口敲门求经验的考生都会排起长队，看着他们求知的眼神，我实在不忍将他们赶走，但我如今在朝为官，每天也是要正常工作生活的，哪有时间一一解答？所以我专门撰写了这篇分享帖，将这些年来的考试经验、备考攻略及策论笔记一次性分享出来，无论你是考场小白，还是千锤百炼过的"老油条"，要想出成绩，看这一篇就够了！

首先自我介绍一下，本人姓白，名居易，现任四品刑部侍郎，也在杭州、苏州等地当过刺史。许多人都羡慕我亨通的官运，但我能走到今天，也历经了数场堪称艰苦卓绝的考试，是从水里火里历练出来的。所以抱着侥幸心理，想通过上考场现场蒙答案，或者考前拜神临时抱佛脚的考生，就不用继续往下看了。

至于选择留下来的，我向你们保证，接下来都是干货。

—————————— 分　割　线 ——————————

鉴于浏览这篇帖子的许多学弟都是科考小白，这里我先来讲解一下，科举考试和制科考试分别都是怎么个考法，以及含金量如何。

科举考试并不是在大唐做官的唯一途径，在我们这个时代，靠出身和门荫做官的才是大多数，科举只是朝廷为寒门子弟搭起的一座独木桥。这座桥虽然又险又难走，但和之前的朝代比起来，已经好很多了，毕竟如今还有桥的存在。

然而，真正能考上的人，的确是少之又少。

作为贞元十六年（公元800年）那场科举考试中最年轻的优胜者，在下是有点天赋在身的，这点我并不否认。毕竟五六岁识声韵，十五志诗赋，二十八举进士，真不是一般人能做到的。但这里是众星云集的大唐，这个时代最不缺的就是天才，所以仅仅依靠天分完全不够，要想在科举考场上一举夺魁，努力和技巧缺一不可，对于考试科目的选择也至关重要。

大唐的科举考试科目有很多，其中最为主要的有六科，除了高宗时便被废止的秀才科和录取率极低的进士科外，你们还可以选择报考明经科、明法科、明字科、明算科等科目，用专攻某一个领域的方式增加上榜的概率。

譬如我的好友元稹，他当年报考的便是难度略低一点的明经科。依照我个人看法，以微之的水平，考个进士也是手到擒来。但这里是物价极高的长安，应试不中的沉没成本实在太高了。再加上大唐的进士考试每年报考者无数，最终却只能录取二十来个人，考中的概率还没有中彩票的概率高，以微之的家境，实在赌不起，所以他便退而求其次，选择了更有把握的明经。等日后有条件了，再在制科考试中证明自己的实力也不迟。

在座各位如果有手头比较紧的或者对考试心里有点没底的，完全可以参考微之的应试策略。

但在这里我也要提醒大家一句，明经的含金量毕竟比不上进士，以微之大才，考上明经后都好久没找到正式工作，日子过得十分窘迫。而眼下的形势，你们多少也听说了，从官场到文坛都卷得厉害，想要出头实在太难了。

考上进士，只是获得入仕做官的入场券，要想正式获得官职，还需要参加吏部举办的"书判拔萃科"考试，也就是传说中的"关试"。

作为实用性极强的遴选类考试，除了经义外，关试还需要考查考生对律法知识的掌握，比如裁决狱案等。可作为一名出身平平的普通考生，连衙门都没怎么进过，哪里懂这些？

不过好在我够勤奋，备考没多久，就摸透了这一科的考试规则——要想关试考得好，判文练习少不了。

所谓判文，就是我们这个时代的"判决书"，真实案例的判决书被称为"案判"，而我们这种以"甲乙"代指原被告，专为应试而写的判决书则称为"拟判"，有点模拟法庭的意思。

为了写好判文，我早早便搜集了一大堆相关的备考资料，钻研唐律的同时，还逐字逐句地研究前人的判文是如何写的、解题思路是怎样的，并着手开始实操。

没过多久，我就将这些判文范文背得烂熟于心了，但我觉得这样还不够，想到《礼记》中"教学相长"的名言，我开始站在主考官的视角，试着自己出题，再自己进行解答。

随着我给自己出的题越来越多，这本判文习题册也越来越厚。等到关试前，我简单整理了一下，发现自己居然已经完成了一百零三个拟判案例，案件涉及科举、选官、家庭、婚姻、吏治甚至边防等多个领域，几乎囊括所有考点，我给它取了个响亮的名字，叫作《百道判》。

接下来我要做的，就只是坐到考场上，面对那些换汤不换药的考题，兵来将挡，水来土掩。不就是关试吗？我已经准备好了，尽管来考吧！

时至今日，我依然十分感谢自己当时做出的努力，虽然关试最终只考查了我复习的一小部分内容，不过当时积累的唐律知识和判决方法，都为我当上刑部侍郎奠定了坚实的基础。现在的我，已经是判案专家了。

说到这里，相信许多考生都迫不及待想要我的这套判文练习册了。

秉持着惠及后人的态度，今天我就将自己编写的这套《百道判》大方地分享给大家，不要九百九十八，不要九十八，是真正的无偿，真正的免费！

练好这套《百道判》，你也能在几个月内，从对判文一窍不通的法盲变身成为律法高手。

快快点击以下链接，领取保存吧！

通过这场关试，我成功获得了人生的第一个编制——正九品的秘书省校书郎，通俗来讲，就是皇家图书馆的一名图书管理员。这份工作虽然职位不高，但待遇很好，月工资五位数，根本花不完，除此之外，朝廷还给我提供了宽敞的住房，分配了交通工具和两名仆从。

在许多亲戚看来，这不失为一份稳定且体面的工作，但一心大展宏图的我又怎么甘心在这里停留。于是在工作三年后，我放弃了原本的编制，来到华阳观闭门备考，为朝廷即将举办的制科考试做准备。

提起制科考试，这个就相当牛了。它是朝廷专门为了选拔高级官员而设的考试，也是整个大唐规格最高的考试,由皇帝陛下亲自主持,考中的官员可以借此机会一跃成为"天子门生",前途一片光明。

制科考试同样有许多科目类别,我选择报考的是"才识兼茂明于体用"科,顾名思义,这科考试在全面考查考生才智学识的同时,还要考查考生的理解和应用能力,难度特别大。

说了这么多,那么制科考试到底要如何科学备考呢?我总结了以下几点:

一 选好备考伙伴,你将事半功倍。

制科考试成功后的收益十分可观,相应地,它的难度也高到让人绝望。想到接下来将面对的重重障碍,哪怕精通考试如我,心里也颇有些没底。

可就在这时,我得知了一个天大的好消息——

我的好友元稹也准备参加这场考试,得知此事的我欣喜若狂,立刻与他组成"华阳观学习小组",一同在观内闭门读书。

同窗备考的日子,我与微之互相关心、互相帮助、同进同出、同吃同住,除了探讨艰深的学习问题外,也成了彼此的精神支柱。

在备考过程中,一个人的思维到底存在局限性,尤其以我们俩的个性,肯定动不动就容易钻牛角尖。但一起学习就不同,现在回想起来,每当我们学上头进入思维误区的时候,都是相互开解的。

记得那一年春天的华阳观开满桃花,我们在桃花下并肩读书,不知疲倦,等到桃花落尽的时候,就是我们走进考场的日子。在这场考试中,微之名列第一,而我也考出了第四等的好成绩。

现在回想起来,比金榜题名更珍贵的,是我们同窗数月的知交情谊。

二 押题——预判主考官的所有预判。

与关试时一样,这次考试我和微之也将押题、猜题贯彻到底。不同的是,这回我们还会为对方出题,这样一来,我们也精准地找到了自己的许多盲点。

制科考试和关试不同,没有那么多律法条文作为依托,出什么题目完全看皇帝陛下的心情,但皇帝陛下长的也是人脑子，只要是人脑子想出的事情，就有可能被提前预判。我们看准了这一点，绞尽脑汁将陛下所有可能问到的问题都一条一条列出来，然后提前准备好对策。

通常来说，考试只会考到一篇策论，但为了精准押上考题，我们夜以继日地准备了七十五个版本。准备到最后，我和微之已经建立起了充足的自信——不管陛下怎么考，最终都会掉进我们的预判中，这场考试，我们俩稳了。

考完试后，我和微之在轻松释然的同时，也感觉到了一阵空虚：我们在考前准备了一大堆押题模板，结果实际考起试来，竟然连10%都没用上，着实有点可惜。为了不让这些用于练习的策论沦为一堆废纸，我们又花了几天时间，将它们编辑到一起装订成册，整理成一本名为《策林》的学霸笔记，供后来考生学习借鉴。

听现在的学子们说，这么多年过去了，他们现在备考用的还是我们的《策林》，想到这我也忍不住小小地骄傲了一下。

《策林》的链接我也放在下面了，需要的考生可以自行下载。

二 善用旧作，推销自己不丢人。

许多年轻考生都觉得，考试必须完全靠自己埋头苦学，拜托他人为自己引荐是件没面子的事。这完全是一个误区，酒香也怕巷子深，想当年，李白和王维这样的大诗人都没少上门推销自己，难道你的才华比这两人还耀眼吗？

我也不例外。早在参加科举之前，我就曾带着自己的诗集，前去拜访长安名家顾况先生。顾先生起初还是有些轻视我的，还调侃我的名字，说"长安米贵，居大不易"，可他老人家看完我写的"野火烧不尽，春风吹又生"[1]后，当即便改变了对我的态度，还为我各处引荐，逢人便夸赞我的才华。就这样，我在长安的知名度打开了，时间一长，连皇帝都喜欢吟诵我的诗句。

试想，如果在考试开始之前，你就已经把皇帝发展成你的铁杆粉丝，那通过考试想必也没那么难了吧？

💬 评论 999+

---

1. 出自白居易《赋得古草原送别》。

@ 不考中制科不改名：

终于看到一篇正经分享备考经验，而非广告帖了，你们知道我有多激动吗？制科考试全国第一和全国前五的学霸笔记，还是免费分享，本学渣含泪收藏了，下次考试一定能过，两位文曲星保佑我！

@ 仰望大佬仰望到颈椎增生：

"我们在考前准备了一大堆押题模板，结果实际考起试来，竟然连10%都没用上"，你们听听，这是人能说出来的话吗？苍天啊，大地啊，果然学霸的世界和我们是不一样的。

@ 有点小钱全交报名费了：

学到了！在下今年二十五岁，求一位年龄相仿的考生一起在长安搭伙备考，房子我已经租好了，你人来就好。但前提条件是你得真想好好学习，每天在平康坊乱窜的那种五陵少年就别来沾边了，大家的时间都挺宝贵的。

@AAA 职业托梦元稹：

传说中的备考伙伴不请自来。

看完这篇帖子，我还想补充一点：除了上述这些所谓的备考技巧和学霸笔记外，勤学苦练才是最重要的，好记性不如烂笔头，只有用学识充实自己，才能用汗水缔造辉煌。

你们不要只看到白乐天风光的这一面，他背后吃过多少苦，只有他自己……还有我知道。

他这一路是如何走来的，我都看在眼里。二十来岁的青年正是爱玩的年纪，但为了考出一个好成绩，逆天改命，乐天每天将自己关在房中，白天学习作赋，夜里刻苦读书，还要抽空学习作诗。对于那时的他而言，小睡都是一种奢侈，更谈不上安眠，时间长了，他甚至读书读到了口舌生疮，写字写到了手肘长满老茧的程度。

因为长年用功，乐天比寻常成年人看起来羸弱得多，走起路来轻飘飘的，我刚认识他的时候，总感觉他像从长安的哪口水井里刚爬出来的。

二十五岁以后，乐天隔段时间便要写一首感叹时光流逝的诗，很多人就吐槽，说白居易这个人是不是对衰老过分敏感了，这不是在制造年龄焦虑吗？但你们可知道，乐天之所以如此，就是因为他本人读书过于辛苦，竟提前衰老，人未老而发先白，这让人怎能不伤心呢？

除了华发早生外，因为昼夜读书，乐天还出现了不可逆的视力问题，看东西的时候，便如同有几万只蝇虫同时在眼前飞来飞去，医学上管这叫重度飞蚊症。以上这些，都是他为金榜题名付出的代价。

所以这世上哪有什么考神呢？有的不过是超乎旁人的坚定意志和锲而不舍的努力罢了。

@ 大做梦家白居易 [作者] 回复 @AAA 职业托梦元稹：

别人都只关心我飞得高不高，只有微之关心我飞得累不累，读完眼泪要飙出来了。好吧，大家都看过来，他是榜首听他的。

@ 元微之的小迷弟：

合影。

@ 仰望大佬仰望到颈椎增生：

合影。

@ 元白今天一起去小吃街了没：

膜拜学霸。

@ 整条街上最靓的狗：

学长，求教怎样才可以像你一样风度翩翩、英俊潇洒？

@AAA 职业托梦元稹回复 @ 整条街上最靓的狗：

教不了，天生的。

元白诗词卷高考真题

新课标 II 卷 长安卷

小栏目

明戈·文

一、选择填空（本题共5小题，25分）

**① ** 白居易在《秋雨中赠元九》中说："莫怪独吟秋思苦，比君校近二毛年。""二毛"在本诗中指（　　）

　　A. 白发加黑发　　　　　　B. 两根头发

　　C. 五分之一元钱　　　　　D. 三毛的哥哥

**② ** 元稹在给白居易的回信《酬乐天秋兴见赠，本句云：莫怪独吟秋兴苦，比君校近二毛年》中说："毕竟百年同是梦，长年何异少何为。"这句话的正确理解是（　　）

　　A. 一百年竟然一直做同一个梦，乐天，你说我是不是长年有特异功能？

　　B. 乐天，咱俩修得百年同船渡，携手共走老少路。

　　C. 相比人生百年大梦一场，乐天，你年长些我年少些又有什么差别呢？

　　D. 毕竟人生百年一场大梦，不要一直责怪少年人心血来潮的作为。

**③ ** "独酌花前醉忆君，与君春别又逢春。惆怅银杯来处重，不曾盛酒劝闲人。"——《独酌忆微之》是唐代诗人白居易创作的一首七言绝句，下面对此诗的赏析不正确的一项是（　　）

　　A. 这首诗描写的是一幅白居易独自饮酒，因回忆起过去的美好时光而思念元稹的画面。

　　B. 春天本是代表希望与新生的季节，在白居易看来却倍加惆怅，这种反差更加凸显了他对元稹的思念。

　　C. "闲人"二字表达了元稹在白居易心中的分量，除他以外白居易不想与其他人共饮。

　　D. 在春天的某个夜晚白居易酒瘾犯了，银杯太重，闲人拿不动，白居易因此思念爱健身的元稹。

**④ ** 元稹在《种竹》中言："昔公怜我直，比之秋竹竿。秋来苦相忆，种竹厅前看。"对于这首诗正确的翻译是（　　）

　　A. 乐天，你曾嫌弃我是个大直男，像秋天的竹子一样。如今我为了激励自己，在厅堂前种满了竹子。

　　B.乐天，你曾在《赠元稹》中形容我"有节秋竹竿"。如今又是一个秋天，我太过想念你，只能将竹子种在厅堂前寄托相思。

　　C.乐天，你曾叹息我的身板像竹竿一样硬，一点也不柔软。如今我在厅堂前种满竹子，观察竹子硬度究竟如何。

　　D.乐天，过去你曾怜爱我的正直，把我比作秋天坚韧的竹竿。可我种的秋竹怎么又脆又黄的？乐天你快来看看。

　　⑤"鹤有不群者，飞飞在野田。饥不啄腐鼠，渴不饮盗泉。"对于白居易的这首《感鹤》，下列注释正确的几项是（　　）

　　A.飞飞：人　　　　　　B.不群：不合群

　　C.盗泉：不老泉　　　　D.腐鼠：腐坏的老鼠

二、将正确的上下句连线（15分）

亭吏呼人排去马　　醉折花枝作酒筹

还向万竿深竹里　　忽惊身在古梁州

忽忆故人天际去　　一枝浑卧碧流中

梦君同绕曲江头　　计程今日到梁州

花时同醉破春愁　　也向慈恩院院游

三、阅读理解（40分）

阅读下面两首诗，完成如下问题。

　　薤叶¹有朝露，槿枝²无宿花。君今亦如此，促促生有涯。

　　既不逐禅僧，林下学楞伽³。又不随道士，山中炼丹砂。

　　百年夜分半，一岁春无多。何不饮美酒，胡然自悲嗟。

　　俗号销愁药，神速无以加。一杯驱世虑，两杯反天和。

三杯即酪酊，或笑任狂歌。陶陶复兀兀，吾孰知其他？
况在名利途，平生有风波。深心藏陷阱，巧言织网罗。
举目非不见，不醉欲如何。

——（白居易《劝酒寄元九》[4]）

神曲清浊酒，牡丹深浅花。少年欲相饮，此乐何可涯。
沉机造神境，不必悟楞伽。酡颜返童貌，安用成丹砂。
刘伶[5]称酒德，所称良未多。愿君听此曲，我为尽称嗟。
一杯颜色好，十盏胆气加。半酣得自恣，酪酊归太和。
共醉真可乐，飞觥撩乱歌。独醉亦有趣，兀然无与他。
美人醉灯下，左右流横波。王孙醉床上，颠倒眠绮罗。
君今劝我醉，劝醉意如何。

——（元稹《酬乐天劝醉》[6]）

注释

1. 薤叶：指百合科植物小根蒜或薤的叶子，常用来比喻生命的短暂和脆弱。

2. 槿枝：指木槿的枝条，木槿花朝开暮落，比喻时光易逝。

3. 楞伽：此处泛指佛学经典。

4. 元和五年（公元810年），唐宪宗便以"元稹轻树威，失宪臣体"为由，将其贬谪江陵府士曹参军。此诗为白居易为其解忧之作。

5. 刘伶：魏晋时期名士，以好酒著称，这里借指酒中的德行或乐趣。

6. 元和五年，元稹对白居易《劝酒寄元九》的唱酬。

① 两人通篇皆言"酒"与"醉"，有何不同之处？（10分）

❷ "不醉欲如何"与"劝醉意如何"的两个"如何"要如何理解？（10分）

_____

_____

❸ 请挑出下列译文中不准确的部分并改正（共10处，20分）。

（1）薤菜的叶子上有清晨的晶莹露水，木槿花朝落暮开，枝条上不会有隔夜的花朵。微之你如今也是如此，生命如白驹过隙，你既不追随僧侣在林间学习，也不跟随道士，在山中炼制丹药以求长生。人生百年，夜晚便占去了一半，对于一岁孩童来说春天也不多。那么，为什么不去痛饮美酒，要糊里糊涂地悲伤叹息呢？

人们都说美酒是消除忧愁的良药，它的效果无与伦比。一杯酒下肚，可以驱散世间的烦恼；两杯下肚，就能倒反天罡；三杯之后便已酩酊大醉，或笑或狂歌，任由心性。陶陶和兀兀他们尚且如此，我哪里还知道其他人呢？在追求名利的道路上，人生本就充满了风波和坎坷。人心深处藏着陷阱，甜言蜜语编织成网罗。微之啊，这些陷阱和网罗，只要你睁开眼睛就随处可见，若是不借酒消愁，又能怎么办呢？

（2）神仙美酒有清洌的有醇厚的，正如牡丹花开颜色深浅不一各有风姿。少年们想要一同畅饮，这样的快乐真是让人笑掉大牙。饮酒后心境深沉，仿佛造访了神仙般的境界，这种乐趣无需通过参悟深奥的哲理来获得。脸颊泛红如同返老还童，哪里还需要什么长生不老的丹药呢？刘伶的酒品还算不错，但也不多。希望你听到这首曲子，我能为你详尽地表达其中的赞叹。一杯酒下肚，脸色便红润；十杯酒下肚，胆气更倍增。半醉之时得以放纵自我，大醉之后则归于自然和谐之境。以前我们一起时，众人共醉真是快乐无比，酒杯满天飞友人乱接歌。独自醉酒也有其乐趣，可以孑然沉浸其中。美人在灯下醉态可掬，双眼眼泪齐流；贵族子弟在床上醉倒，于华丽的绸缎中沉睡。乐天你如今劝我痛饮，把我劝醉了，你想做什么呢？

四、诗歌翻译（10分）

请翻译下面两首诗。

晨起临风一惆怅，通川溢水断相闻。

不知忆我因何事，昨夜三回梦见君。

——白居易《梦微之（十二年八月二十日夜）》

山水万重书断绝，念君怜我梦相闻。

我今因病魂颠倒，唯梦闲人不梦君。

——元稹《酬乐天频梦微之》

_____

_____

五、自由论述（10分）

请从二人过往唱和之作分析，是白居易更思念元稹，还是元稹更思念白居易？

_____

_____

_____

_____

参考答案

一 选择填空：A、C、D、B、BD

二 将正确上下句连线

亭吏呼人排去马 —— 也向慈恩院院游
还向万竿深竹里 —— 一枝浑卧碧流中
忽忆故人天际去 —— 计程今日到梁州
梦君同绕曲江头 —— 忽惊身在古梁州
花时同醉破春愁 —— 醉折花枝作酒筹

三

1.《劝酒寄元九》中，白居易为了劝元稹面对被贬能想开些，给他出了一个主意——喝酒。因此白居易的"酒"与"醉"，所言皆是喝酒的好处，比如能借酒消愁，或是借酒与友人共话风雨，寻找心灵的慰藉等。而元稹的"酒"与"醉"除了赞叹美酒，更多的是描写和回忆二人饮酒时的体验，以偷偷表达对白居易的思念。

2.白居易的"如何"带有"又能怎么办"的意味，用除了饮酒别无他法反衬官场的黑暗。元稹的"如何"是"怎么样"的意思，带上前面描写的众醉之景，有一种"乐天你如今劝醉我，是想做什么"的俏皮与戏谑，实则表达想念之情。

3.（1）

①"朝落暮开"应改为"朝开暮落"。

②"你既不追随僧侣在林间学习，也不跟随道士，在山中炼制丹药以求长生"应改为"你既不追随禅僧，在林间研习佛经《楞伽》"。

③"对于一岁孩童来说春天也不多"应改为"而春天的美好时光更是短暂"。

④"要糊里糊涂的悲伤叹息呢"应改为"为何还要自我悲伤叹息",此处的"胡然"指为何、怎么。

⑤"就能倒反天罡"应改为"仿佛回到了自然和谐的天地之中"。

⑥"陶陶和兀兀他们尚且如此,我哪里还知道其他人呢"应改为"这样的状态既畅快又迷离,我哪里还顾得上其他呢"。

陶陶:和乐的样子。兀兀:昏沉的样子,这里指醉酒后的状态。

(2)

①"这样的快乐真是让人笑掉大牙"应改为"这样的快乐哪里会有尽头呢",此处的"涯"指尽头。

②"刘伶的酒品还算不错,但也不多"应改为"刘伶以好酒著称,但他所称赞的酒乐还远不及此"。

③"酒杯满天飞友人乱接歌"应改为"酒杯飞舞间歌声缭乱"。

④"美人在灯下醉态可掬"应改为"美人眼波流转"。

四

1.早晨起来迎着晨风感到无限惆怅,你我分隔两地,通川和溢水之间再也听不到彼此的音讯。我不明白你为何会如此思念我,以至于昨夜我整整梦见你三次。

2.千山万水重重阻隔导致我们书信来往间断,难得乐天你爱怜我,在梦中还打听我。而我现在因病心神错乱,夜里做梦总是梦到一些不相干的人,却偏偏没有梦到你。

五

无标准答案,言之有理即满分。因为两人想来想去,不分上下。

SUMMER

夏

金石胶漆

不足喻

第二卷

VOLUME 2

月日，居易白。

微之足下：

　　自足下谪江陵至于今，凡枉赠答诗仅百篇。每诗来，或辱序，或辱书，冠于卷首，皆所以陈古今歌诗之义，且自叙为文因缘，与年月之远近也。仆既受足下诗，又谕足下此意，常欲承答来旨，粗论歌诗大端，并自述为文之意，总为一书，致足下前。累岁已来，牵故少暇，间有容隙，或欲为之；又自思所陈，亦无出足下之见；临纸复罢者数四，卒不能成就其志，以至于今……

　　微之，夫贵耳贱目，荣古陋今，人之大情也。仆不能远征古旧，如近岁韦苏州歌行，才丽之外，颇近兴讽；其五言诗，又高雅闲淡，自成一家之体，今之秉笔者谁能及之？然当苏州在时，人亦未甚爱重，必待身后，人始贵之。今仆之诗，人所爱者，悉不过杂律诗与《长恨歌》已下耳。时之所重，仆之所轻。至于讽谕者，意激而言质；闲适者，思澹而辞迂。以质合迂，宜人之不爱也。今所爱者，并世而生，独足下耳。然百千年后，安知复无如足下者出，而知爱我诗哉？故自八九年来，与足下小通则以诗相戒，小穷则以诗相勉，索居则以诗相慰，同处则以诗相娱。知吾罪吾，率以诗也……

　　浔阳腊月，江风苦寒，岁暮鲜欢，夜长少睡。引笔铺纸，悄然灯前，有念则书，言无次第。勿以繁杂为倦，且以代一夕之话也。

　　微之微之！知我心哉！乐天再拜。[1]

---

1. 出自白居易《与元九书》。

第四章 自古天意高难问

CHAPTER FOUR

房昊·文

从长安城离开的元稹没想到，白居易虽然人在长安，这一路上却处处有他的痕迹。

刚到洛口驿，元稹就眼前一亮，墙壁上无数人的题诗里，他一眼就认出了白居易的笔迹。歇脚的这半天，仆从就没见元稹离开过墙下，他走来走去地看白居易的诗，直到马儿吃饱了，饮食也备好了，实在是该走了，才恋恋不舍地离开。

还没迈出门呢，元稹又忽然折返，要了纸笔，写诗叫人送回长安。

尽日无人共言语，不离墙下至行时。[1]

我就杵在那里看诗，尽管孤零零的没人言语，也一直看到不得不启程的时候。

这诗传到白居易手中，被感动的白居易立马就回了一首，诗句之中透着一股骄傲劲儿。

拙诗在壁无人爱，鸟污苔侵文字残。

唯有多情元侍御，绣衣不惜拂尘看。[2]

元稹得了白居易的回诗，写起诗来更是一发不可收拾，此前去洛阳事务缠身，后来为母守孝愁绪深重，这次去西南，路上终于得了闲。

月明星稀，江水拍岸，举目四望"前不见古人，后不见来者"时，元稹忍不住写诗给白居易：

无人会得此时意，一夜独眠西畔廊。[3]

收到信的时候，白居易怅然良久，心想：你没在京城的那两年，我跟你一样孤寂，遂回信：

怜君独卧无言语，唯我知君此夜心。[4]

白居易写完这首，又算了算路程，想到元稹写这首诗时，自己正在曲江游玩，白居易提笔又回一首：

嘉陵江曲曲江池，明月虽同人别离。

一宵光景潜相忆，两地阴晴远不知。

谁料江边怀我夜，正当池畔望君时。

今朝共语方同悔，不解多情先寄诗。[5]

---

1. 出自元稹《使东川·骆口驿二首》。
2. 出自白居易《酬和元九东川路诗十二首·骆口驿旧题诗》。
3. 出自元稹《使东川·嘉陵驿二首（篇末有怀）》。
4. 出自白居易《酬和元九东川路诗十二首·嘉陵夜有怀二首》。
5. 出自白居易《酬和元九东川路诗十二首·江楼月》。

微之，嘉陵的江水跟曲江的江水一样浩荡东流，天边的明月也一样朗照你我，如今想来我该先为你寄诗的。

自长安至西南，迢迢长路在时间与空间的维度上都被压缩成一两张纸，如云般飘来荡去，落在两张笑意盎然的脸前。

大抵是书信来往得太频繁，元稹都有些恍惚起来，他总觉得自己似乎不是在去往西南的路上，而是就在长安，甚至还在跟白居易一起同游曲江。

这些场景是如此逼真，他仿佛跟白居易，还有另一个朋友李杓直，几人说说笑笑、互相谈诗。在曲江赏完江水花草后，白居易又拉着自己去了慈恩寺，笑着说等晚上咱们再登高赏月，而月亮还是当年的月亮。元稹双目放光正要应好，忽然间天旋地转，他下意识想去拉白居易，却拉了一个空。

元稹睁开眼，茫茫然听到屋外有人在喊他："元御史，换乘的马已经牵到了，咱们什么时候出发啊？"

元稹愣了愣，接着反应过来，原来飞回长安的只是一缕梦魂，来跟自己相约的也不过是白居易的一道幻影。元稹揉了揉脑袋，忽地一笑，把这事也写成诗，寄给了白居易：

是夜宿汉川驿，梦；与杓直、乐天同游曲江，兼入慈恩寺诸院，倏然而寤，则递乘及阶，邮使已传呼报晓矣。

梦君同绕曲江头，也向慈恩院院游。

亭吏呼人排去马，忽惊身在古梁州。[1]

如果只是元稹梦到白居易，那也不过是平常的一个梦，可偏偏元稹做梦那天，白居易真的在跟朋友们一起游曲江，而这个朋友还真的就是李杓直。

那天白居易跟李杓直喝得大醉，总觉得冥冥之中似乎有个声音在叫自己，说要不要去慈恩院，去看当年的月亮。

白居易醉眼蒙眬，问李杓直道："你听没听到元九的声音？"

李杓直一挥手："你们元白的事，何必问旁人？"

白居易哈哈大笑，坐起身来吆喝着拿来纸笔，当场便给元稹写诗——

---

1. 出自元稹《使东川·梁州梦》。

花时同醉破春愁，醉折花枝作酒筹。

忽忆故人天际去，计程今日到梁州。[1]

那些年我们一起看花饮酒，以消除浓浓的春愁，醉酒后攀折了花枝当作喝酒的筹码。可一想你才想起你已远去他乡，计算一下路程，你今天也该到梁州了。

元稹梦到白居易身在曲江，白居易算出元稹正在梁州；白居易不知道自己去了元稹梦中，元稹也不知道白居易就在同一时间想到他。可偏偏心有灵犀，两首诗打破了时空的隔阂，事后知道前因后果的李杓直惊呆了。

身为这个故事里的背景板，李杓直逢人便道："你知道元白吗？太奇了，太奇了，世间竟然有如此出奇之事！"

"元白二人能在梦中传讯啊，不然元九怎么知道是我跟白居易来曲江同游？"

京城里的场景元稹是见不到了，他揣好白居易的诗，要赶赴他的战场了。

抵达剑南东川的时候，元稹才发现事情不简单。这里的百姓面有饥色，见到朝廷的人马，眼神里除了木然就是惊恐。元稹挑了挑眉心想，恐怕我要晚些日子才能回去了。

区区一个任敬仲贪污，绝不可能把百姓摧残成这样。西南官场，是有大问题的。元稹很快就验证了他的猜测，泸州刺史刘文翼亲自接待元稹，接待全程没让元稹有任何离开他视线的机会。

这么赤裸裸的监视，元稹当然也不可能没察觉，他似笑非笑地望着刘文翼："我奉圣人之命前来，自有公务在身，恐怕不能陪刘刺史日日宴饮。"

刘文翼笑呵呵地说："大家都是为圣人效力，您的公务我们也查清了，任敬仲一案的口供跟物证都摆在这里，您只要一点头，当然可以日日宴饮，轻轻松松回京，绝不耽误元御史平步青云，更好地为圣人效命。"

元稹目光一闪，一字一顿道："我若是不点头呢？"

刘文翼笑意不改："任敬仲一案，铁证如山，您不点头又能如何呢？"

元稹跟刘文翼四目相对，空气中似乎有看不见的刀光剑影荡出火花，片刻后元稹冲刘文翼举杯道："那刘刺史拭目以待。"

其实元稹清楚，自己在西南是外人，一个外人想在重重黑幕里撕开缺口，查清云谲波诡的

---

1. 出自白居易《同李十一醉忆元九》。

大案，实在难如登天。这里边有多少艰难险阻，弄不好还有性命之忧，而只要不查或者睁只眼闭只眼，假装看不见西南百姓的麻木跟惨状，就可以跟高官权贵大鱼大肉、宴饮作诗，人家也说了，回京之后，保他平步青云。

利弊如此分明，安危如此清晰，为何还要查？

可三十岁的元稹义无反顾，投身西南官场的黑暗之中。

刘文冀等人不想让他查，他初来乍到也无从查起，所以他也不急，一直假意配合，直到提审任敬仲的时候，元稹才露出自己的獠牙来。

元稹单独提审了任敬仲，撬开了任敬仲的嘴，告诉他："无论你是在替谁顶罪，又或者要包庇你背后的什么人，你以为他们会把你家人安排好吗？不会的，他们会跟你一起被流放，一起死在路上。"

任敬仲眉头紧锁，仍旧不说话。显然朝廷里随便派下来的一个监察御史，跟在西南官场经营多年的幕后黑手相比，元稹的分量还是太轻了。

元稹也不急，他准备得相当充分，这些天里他没有多方查问，却在脑海里翻出了无数旧案。他就闭着眼睛坐在任敬仲的对面，从大唐天宝年间开始数，把这些年贪污案的主犯是什么下场，一一背给任敬仲听。这些人大部分全都一沉不起，家眷死于边荒。这些人里的确也有起复的，可那是勾搭上了杨国忠这类人，将家财都送上去了。

任敬仲听得满头大汗，元稹睁眼问道："你说这些人里有没有跟你境遇相似的，有没有跟你一样得到过某些承诺的？可你想过没有，他们的眼里只有权，只有财，你信他们，你给够钱了吗？"

任敬仲打了个哆嗦，瞅着元稹，嘴唇开始抖动，有些话想说又不敢说。

元稹向前探身，肃然道："那些人有能力，但他们不会保你，元某的力量是微薄了些，可元某说要保你，就一定会保你家人不受牵连。"

任敬仲绷不住了，他号啕大哭："多谢御史！多谢御史！"

那天任敬仲把西南官场的现状全都交代了个清楚，前东川节度使严砺巧立名目滥加赋税，大肆掳掠钱粮，还抄了不少百姓的家。而整个东川的几州刺史，要么沆瀣一气，要么视若无睹。

元稹吐出一口浊气，他这才知道自己要面对的究竟是什么。严家已经坐镇东川多年，再加上与严家交好的鲜于家，更是从玄宗时期开始就一直掌控着剑南东川。要彻查这件案子，便是要与整个西南官场为敌。

元稹让旁审的官员马元亮整理好任敬仲的口供，他推门出去，独战西南官场。

他首先开始派人去西南诸州，查阅当地账目。刘文冀等人脸色阴晴不定，他们当然早就做好了准备，账目能处理的都处理好了，不能处理的也都烧了。

刘文冀有信心，元稹什么都查不出来。但刘文冀还是很愤怒，他怎么也想不通，自己的话已经说得这般明白，元稹一个小小的监察御史，凭什么敢跟节度使作对？

十几天后，刘文冀又设宴请元稹，只是这次他已经懒得维持表面的平和了："元御史，看你忙前忙后许多天，怎么样，查出东西了吗？"

"账目上的确没查出来，不过某些人巧立名目、剥削百姓、掠夺无辜的证据，元某倒是有了。"

刘文冀盯着元稹道："你诈我？"

元稹摇头："刘刺史一向沉得住气，只须过上几日，自然能见分晓。"

刘文冀目光闪动，他已经让人盯着元稹派去的使者了，无非是查查账目，问问当地的负责人，这能查出什么东西？西南官场，还有人敢揭发严节度使不成？

元稹看刘文冀面沉如水，不由笑道："看来刘刺史很想元某为你解惑啊。"

刘文冀眉头皱得更深："你什么意思？"

元稹理所当然答道："元某这人，最见不得蠢人深思，当然要帮一帮刘刺史。严节度使曾经提过，绵州、剑州的税收不够，要加增梓州、遂州的赋税来补。元某这人没别的本事，就是记性好，来剑南道之前，背过各州的户籍跟府库数据，前两年绵州、剑州报给朝廷的数并不少，怎么会不够用呢？"

刘文冀隐约明白了什么。

元稹接着道："所以元某给两州刺史写了信，派人问问他们，当年税收不够用，是不是你们贪墨了。如果你们没贪墨，回头我也会禀明朝廷，说是你们报错了，固然会罚俸几年，但终究不是大错。于是这两州刺史便认了，两州钱粮绝对够用，未曾短缺过。"

刘文冀腾地站起来，冷汗涔涔而下，撞得桌上杯盘叮当作响。这两州刺史认了钱粮不缺，那后来从梓州、遂州征来的税又去了何处，严砺又为何要这样上报？而且元稹竟然手段这么高，那上报给朝廷的数目，跟各级官员征收的实际数目，中间有那么多不同，即便账本全烧了，可像两州刺史这样为了撇清自己，露出诸多破绽的官员又有多少？

灯火摇曳里，元稹给自己倒了杯酒，缓缓饮入喉中。

刘文冀咬牙切齿道："元御史到底想要什么，干脆说了吧！"

元稹又喝了杯酒，不紧不慢道："我不要什么，你也不必做什么，我已将我查到的证据写进奏折里，快马递去京城了。"

刘文冀脸上的肌肉一阵阵抽动，他死死盯着元稹，盯了半晌之后忽然大笑起来。

元稹斜睨着他，不懂他在笑些什么。

刘文冀猛地转身，冲手下吼道："派人去拦，把朝廷的信使全给我拦下来，做成山匪截杀！"

元稹拍桌而起，冲刘文冀喊道："你好大的胆子！"

刘文冀回过头来，对元稹狞笑道："元御史，这就是剑南的作风，这里山匪聚集，你可要当心些，别步了你同僚的后尘。"

元稹面色几变，他深吸口气对刘文冀道："叫你的人跟着我，我快马把人叫回来，这样行不行？"

刘文冀哈哈大笑，自认终于拿捏住了元稹。从前他以为元稹年纪轻，什么都查不出来，后来才发现元稹手段老到心思细腻，这会儿刘文冀又以为元稹书生怯懦，见不得生死。

刘文冀错了。之后的几天刘文冀给元稹送钱，一副"你不收钱，你不同流合污，我立刻派人砍死你同僚"的态度。然后元稹就真的收钱了，刘文冀松了口气，觉得这个监察御史终于摆平了。

只是没想到才过了十几日，刘文冀就看到手下匆匆跑来，冲他大喊道："事发了，事发了，元稹也要跑了！"

刘文冀一脸茫然，可他毕竟久在官场，脚比脑子反应更快，还没听清下人的汇报，就匆匆去堵元稹了。

元稹把刘文冀送的金银书画全都堆在堂前，自己跟几个仆从骑着老马，正要踏上长街离开西南。此时朝廷已经看到了他的奏折，叫他回京议严砺之罪。

刘文冀在路上听完了整个经过，目眦欲裂，他拦在元稹马前，身后跟着一群官兵，大声道："元稹小儿，焉敢欺我？"

元稹人在马上，腰背笔直似枪，他居高临下对着刘文冀道："严砺鱼肉百姓，掳掠良家子，八十八家百姓为奴为婢，无数西南百姓家破人亡，尔等敢欺天欺民，我欺不得尔等？！"

刘文冀嘴唇抖了三抖无话可说，干脆指着元稹道："你图什么，你到底图个什么，只要你睁只眼闭只眼，回去就能高升，你偏要跟节度使为敌，真以为我不敢杀你吗？"

元稹按马向前，刘文冀恼羞成怒道："再前一步，我杀了你！"

元稹淡淡说道："原本严砺已经死了，西南官场皆有贪墨，或许法不责众，可你若是把朝廷派来的监察御史都杀了，你就准备给我陪葬吧。"

刘文冀脸上阴晴不定，元稹已然策马走来，没有刘文冀的命令，那些官兵自然不敢动手。

人潮向两侧分开，元稹一行人从中央走出，离开包围圈后，元稹还回头冲刘文冀笑道："送奏折的不是我的人，我把奏折伪装成给白居易的信，白二十二在京城里人憎鬼厌，天下间却多的是读书人愿意为元白送信，一路奔赴京城，不比快马慢多少。"

刘文冀面如死灰。

这一趟西南之行，元稹以一己之力掀翻了西南官场，白居易在长安城里逢人就夸元稹风骨孤直，出手就是天翻地覆！

元稹回京知道了就想捂白居易的嘴。

"这有什么不能提的，以后我为你写诗作传，必当浓墨重彩。"白居易说完又摇头，"也未必，或许这只是日后的宰相牛刀小试，办下的一桩寻常案子而已。"

元稹哭笑不得说："你别捧了，严家在西南这么多年，朝中大员跟他们有所勾连的不胜其数，真要追查下去恐怕朝野动荡，这案子或许就不了了之了。"

后来这桩案子果然如元稹所料，上面并没有大肆惩处西南官员，连严家都没有被过多苛责，只是把罪名让死去的严砺一人担了。

元稹知道，这监察御史，恐怕他也当不长了。

白居易难得豪迈："当不长又如何，万代青史，你都是真御史！"

元稹也跟着洒脱起来，他想无论如何，自己对得起母亲，对得起自己苦读的圣贤书，那八十八家为奴为婢的百姓，总会记得自己。

果然，不久之后元稹被贬去洛阳，离开了京城。

然而元稹在洛阳跟妻子还没待几个月，妻子韦丛便染病身亡。元稹泪如雨下，想起过往这几年，他刚任左拾遗就被贬，接着守母丧，微薄的俸禄都不足以养家。韦丛却总是温柔笑着，衣裳缝缝补补，丝毫不觉得苦。

一幕幕画面浮现，一句句笑语涌上心头，汇聚成元稹在后世最出名的悼亡诗——

曾经沧海难为水，除却巫山不是云。[1]

诚知此恨人人有，贫贱夫妻百事哀。[2]

唯将终夜长开眼，报答平生未展眉。[3]

白居易写诗唱和，安慰元稹："谁知厚俸今无分，枉向秋风吹纸钱。"[4]

有时候别人替自己悲痛了，自己的悲痛也能减轻几分。从妻子葬礼中走出来的元稹双眼通红、支离憔悴，把全部心力都扑在了大唐江山与公理正义之上，了却一身牵挂的他开始大杀四方。

浙右的大帅打死县令，县令之子不敢诉，有人藏匿杀人凶手，苦主不敢捕。这些疑难案件，元稹统统敢查、敢报。内园司的太监强买强卖、鱼肉百姓，遇到不愿意的，太监们还敢直接动手抓人。元稹一封奏疏呈上去，要他们给个说法。

白居易有官职在身，没能一直陪在元稹身边，他知道元稹近期的状态不太对，但他更知道这个时候需要有人站在元稹身旁，跟他并肩作战。白居易人不在，诗在。

元稹弹劾太监的那段时日，白居易挥毫写：

晨游紫阁峰，暮宿山下村。

村老见余喜，为余开一尊。

---

1. 出自元稹《离思五首·其四》。
2. 出自元稹《遣悲怀三首·其二》。
3. 出自元稹《遣悲怀三首·其三》。
4. 出自白居易《答谢家最小偏怜女（感元九悼亡诗，因为代答三首）》。

> 举杯未及饮，暴卒来入门。
> 紫衣挟刀斧，草草十余人。
> 夺我席上酒，掣我盘中飧。
> 主人退后立，敛手反如宾。
> 中庭有奇树，种来三十春。
> 主人惜不得，持斧断其根。
> 口称采造家，身属神策军。
> 主人慎勿语，中尉正承恩。[1]

这首诗写得如此生动，安史之乱以来，神策军多由宦官势力掌控，白居易一首诗，把宦官势力的丑恶嘴脸写得淋漓尽致。

元白的双双出手，当即在长安城引起了轩然大波。那些年里藩镇跋扈已是常态，宦官干政早成定局，混迹长安城的老书生、新进士，人人皆知又人人不言，万马齐喑的大唐里骤然亮起两抹刀光。

元稹人在河南，白居易还是乐天派，他说："当今圣上也算雄才大略，想着收复淮西，对藩镇用兵，此前元九屡次上书，固然被贬，但还不是一样被召回任监察御史了？"

可白居易还是想简单了。

元和五年（公元810年），大杀四方的元稹被朝廷从河南召回罚俸，途经敷水驿时，遇到宦官仇士良、刘士元等人闯进来，要抢元稹的上厅住。元稹自然不从，但他的凛凛傲骨、半生不屈，逼得退泸州刺史，逼不走心狠手辣的太监。两个太监前簇后拥，围上来把元稹打了一顿，长鞭抽得元稹鲜血淋漓，又将元稹丢出了敷水驿站。

那一夜元稹抬头望着星月，冷光在胸中沉没。

这事传到白居易耳中时，他第一反应就是去看望元稹，他都来不及愤怒，路上的风扑面而来，他满心全是对元稹的担忧。

见了元稹，白居易才发现元稹要比他冷静得多。元稹还有空收拾自己的书稿、诗稿，听到

---

1. 出自白居易《宿紫阁山北村》。

白居易的声音头都不抬。白居易凑过来，上看下看左看右看："元九，你怎么跟没事人一样？"

元稹淡淡地说道："不然还能如何呢？"

白居易拍拍元稹的肩膀："往好处想，本来圣上是要罚你的，如今至少罚俸可以免了。"

元稹收拾诗稿的手顿了一顿，目光停在虚空里，他悠悠叹道："希望如此吧。"

那会儿白居易还不知道元稹的意思，但元稹对政务的嗅觉总是比他更敏锐。他挨了这顿鞭子，皮肉之苦倒是没什么，可管中窥豹，元稹忽然想明白了一件事。

地方藩镇之所以跋扈，是因为在地方上盘根错节、势力庞大，更有兵权在握。那宦官为什么跋扈？他的势力从哪儿来？神策军分明是禁军，当今皇帝是个有决断的，为何还是宦官的人掌控兵马？在敷水驿外躺的那一夜，元稹想到了一个让他心灰意冷的答案——这些宦官，本就是皇帝养的。

所以此前他弹劾贪官污吏，弹劾藩镇大员，都可以没事，这次连宦官也一并弹劾，恐怕没机会脱身了。

几天之后，白居易在朝堂里听到了让他诧异的风声。

敷水驿之事当然被捅了上来，可执政的大员反而说是元稹"少年后辈、务作威福"，这才导致内臣鞭打元稹一事。[1]

白居易眉头紧蹙，他死死盯着那个执政大臣，但觉这世界黑白颠倒、匪夷所思。更让白居易感到光怪陆离的是，高高坐在龙椅上的皇帝轻轻一点头肃穆开口道："元稹有失体统，确实不该再为宪臣，江陵府士曹参军出缺，他这个年纪，正该去历练历练。"

白居易猛地把头转向龙椅，目光投向他心目中的皇帝，他心中的旧世界在一刹那崩塌了。他想到如果这世道如此污浊黑暗，如果只有和光同尘才能在举步维艰的大唐朝廷做出点成就，那为什么一开始要教我读圣贤书，为什么还要考那些道德经义？

这些念头一闪而过，取而代之的只有五个字——元稹不当贬。

旧世界的道理没有用，这世道不讲道义，那白居易就跟皇帝从道理讲到利弊。

皇帝话音未落，白居易就站了出来，对此唐宪宗都不怎么意外。元白之交嘛，他在深宫也

---

1. 出自《旧唐书·卷一百一十六》："执政以稹少年后辈，务作威福，贬为江陵府士曹参军。"

不是没听过。

　　白居易语速极快，姿态恭敬而语气激烈："圣上，元稹与刘士元争厅，情形俱已禀报，元稹先至敷水驿，刘士元后到，争厅之事岂会是元稹挑起？况且刘士元踏破驿门，夺将鞍马，吓辱朝官，承前已来，未有此事。今中官有罪，未见处置，御史无过，却先贬官。臣恐日后远近闻知，中官暴虐更甚，实损圣德。"[1]

　　这番话激昂顿挫，掷地有声，白居易出口成章，文武百官纷纷侧目。

　　而这只是道理，白居易深吸口气，又跟唐宪宗讲利弊："去年在西南，元稹破严砺大案，今年在河南，弹劾不法藩镇，是以天下藩镇，皆怒元稹。今贬为江陵判司，即是送与藩镇，从此藩镇报怨，朝廷何由得知？元稹一人之死，固然求仁得仁，可从此藩镇有过，无人敢言，皆欲惜身，永以元稹为戒。则天下再有不轨不法之事，圣上无由得知，元稹不当贬也。"

　　唐宪宗看着白居易，目光微动，他沉声道："白拾遗以为没了元稹，朕对藩镇便无可奈何，朕的名声也会一落千丈？"

　　白居易躬身道："臣不敢。"

　　唐宪宗不怒反笑道："朕意已决，元稹该去江陵磨炼，至于你所陈之事，朕自有决断。"

　　白居易怔了怔，他还想再说什么，唐宪宗大袖一挥，已要退朝了。白居易后来才明白，自己能看出来的利弊，皇帝又岂会看不出来？元稹被贬后，西南官场上的诸公也纷纷被贬，刘文冀一方刺史，直接被贬到边疆小县去当县尉了。

　　唐宪宗明晃晃地告诉天下藩镇，朕贬元稹，不是因为怕了你们。元稹要是真在地方上出了意外，恐怕也没人愿意见到唐宪宗的雷霆之怒。所以同样也不会有人觉得，元稹是得罪了藩镇才被贬的。人们清楚地看到，唐宪宗只是信赖他的内臣，即便宦官们有罪，也只能由唐宪宗在宫里处置，国法管不了天家。

　　日后照样会有人充当唐宪宗对付藩镇的快刀，而且这把刀会更听话、更顺手，只要能收复藩镇割据的江山，唐宪宗也自信自己的身后名，不会因为几个太监而变差。至于两个年轻人的

---

1. 出自白居易《论元稹第三状》："昨者元稹所追勘房式之事，心虽奉公，事稍过当，既从重罚，足以惩违，况经谢恩，旋又左降，虽引前事以为责词，然外议喧喧，皆以为元稹与中使刘士元争厅，自此得罪。至于争厅事理，已具前状奏陈，况闻刘士元踏破驿门，夺将鞍马，仍索弓箭，吓辱朝官，承前已来，未有此事。今中官有罪，未见处置，御史无过，却先贬官，远近闻知，实损圣德。"

失魂落魄,草民百姓的血与泪,都不是他一个皇帝会关心的。

这些都是几个月以后,白居易才想明白的事了。

那日下朝,白居易正要匆匆回家换了衣裳去送元稹,恰撞见不得逗留、要立刻启程离开长安的元微之。两人道旁相遇,身边是江流云散般的人潮。

白居易的泪水忽然湿了眼眶,他说:"微之,你何罪之有,何罪之有啊?"

元稹反倒笑了:"无妨,不过不合时宜而已,反正这世上总有人跟我一样不合时宜。"

两人从新昌坊里往城门方向走,一路走一路有说不完的话,每一句都是白居易想把元稹留在京城,不去那山高路远、危险重重的江陵。元稹原本看得开,被白居易送了一路,也变得泪眼潸然。

最终元稹拍着白居易道:"你也得罪了不少人,我年少莽撞,你须得老成谋国,总还要有个不合时宜的人留在朝中,爬到高处,才能把我捞回来吧?"

白居易怅然望天道:"庙堂不比考场,自古天意高难问,难呐,难呐!"

元稹顿了顿又道:"那你照顾好自己,照顾好自己就好。"

送君千里,终须一别,两个当日天不怕地不怕的少年郎,在屡经变故、饱受攻讦的元和五年之后,挥别天真,带着三分倔强、两分轻狂,步入了渐生霜鬓的中年。

第五章

唯有思君治不得

房昊·文

CHAPTER FIVE

远走的总是元稹，留在京中的总是白居易。

元白这两年并肩作战，虽然战败了，可无论是远走的元稹还是留京的白居易，心头总是烧着一点余火，虽只余残灰冷烬，但仍能慰藉彼此。只要见到朝局世事，见到山水花月，他们都会想到彼此。

人在京城的白居易还是愤懑难消，连上了三篇奏折说元稹不当贬，可这三篇奏折都如石沉大海，没掀起半点波澜。白居易仍旧咽不下这口气，既然上奏折没人理会，那他就写诗：

拾得折剑头，不知折之由。一握青蛇尾，数寸碧峰头。

疑是斩鲸鲵，不然刺蛟虬。缺落泥土中，委弃无人收。

我有鄙介性，好刚不好柔。勿轻直折剑，犹胜曲全钩。

大多数人都懂得识大体、顾大局，可我白居易性子鄙介，偏偏不正常。元稹就是被贬江陵，当个小小参军，在我眼里也比长安城里的高官要强得多。

这诗写出来，不知又多了多少人暗中记恨白居易了。

元稹过商山，经清源寺，一路赶到曾峰馆借宿。这一夜里月光幽幽照桐花，元稹同样想到了白居易，他不知道白居易还在为他打抱不平，还幻想着白居易能有更好的未来。

夜久春恨多，风清暗香薄。

是夕远思君，思君瘦如削。

……

奏书金銮殿，步屣青龙阁。

我在山馆中，满地桐花落。

你这会儿应该在金銮殿里风生水起吧，我在山馆中看满地桐花，月色染上一地的霜，我也一样很好，可比你闲适得多。

这首诗还没送到长安，白居易仿佛就感受到了元稹的思念之情，至于白居易是怎么感受到的呢，李杓直同学很有经验——这两人又梦见彼此了。

白居易上完折子写完诗，还是徒劳无功，只能想念着远走的元稹，黯然神伤，然后就梦到了元稹。

梦里白居易拉着元稹问："微之，你怎么样啊？"

元稹叹了口气说："本想写信以寄思念之情，但在路途中又不便传信。"

白居易还没来得及说话，叩门声就惊破了他的这场梦，他醒了会儿神才听清门外来客自称是商州信使，来送一封书信。

白居易立马就清醒了，随便披上件衣裳，就匆匆跑去开门。

商州信使瞅着白居易身上衣衫不整，张张嘴想提醒两句，可看着白居易拿过信边拆边往屋里走，好像凡尘俗世已全不关心的模样，就什么也没说出来。

这当然是元稹的信，桐花诗就附在信件背后，白居易看着这首诗，翻来覆去地读。到了晚上，念了一整天诗的白居易铺好纸，提笔给元稹回诗：

……

昨夜云四散，千里同月色。

晓来梦见君，应是君相忆。

梦中握君手，问君意何如。

君言苦相忆，无人可寄书。

觉来未及说，叩门声冬冬。

言是商州使，送君书一封。

枕上忽惊起，颠倒著衣裳。

这段诗文白描梦境与心境，白居易想都没想，诗句自然从笔下流淌而出，顺理成章地把视角转到元稹身上：

……

云作此书夜，夜宿商州东。

独对孤灯坐，阳城山馆中。

夜深作书毕，山月向西斜。

月下何所有，一树紫桐花。

桐花半落时，复道正相思。

殷勤书背后，兼寄桐花诗。

桐花诗八韵，思绪一何深。

月落桐花，你一诗八韵，思绪何深，我又拿什么回报呢？无以为报，只能回诗一首，以诗对诗：

以我今朝意，忆君此夜心。

一章三遍读，一句十回吟。

珍重八十字，字字化为金。[1]

积攒了多日的思念与担忧化作了一首长诗，白居易写完后感觉自己灵魂的一部分都随之飘走了，跟着这封信出门向东，走过新昌坊，离开长安城，去往遥远的江陵道中，陪伴着独行羁旅的元微之。

此时，元稹人在路上，已经过了曾峰馆，迈出武关的时候若有所觉，回头望了一眼云下长安。

自此，两人彻底开始了你来我往、互相寄诗的烂漫生涯。从京城到江陵，元稹看见点什么都想跟白居易分享，长长短短，写了多首诗。

白居易看着这些诗，只觉得元稹就在面前，似乎他一抬脚，迈出家门，就又可以跑到元稹家门口，不管门房那复杂的表情，直接大声喊元稹出来玩。

可是长安城里空空荡荡，他确实见不到他了。

一股愁思满腔萧索，混杂着愤愤不平的郁气，催着白居易给元稹回诗。白居易直接写了一首百韵长诗，猝然落笔，文不加点，便成就满纸烟云、冲霄诗意。

他写当年二人初相识，又写当年在长安城意气风发，写他们之间的欢声笑语。白居易记了许多年的画面又浮现在他脑海中，可这些笑语又渐渐淡了，因为元稹被贬江陵。

忆在贞元岁，初登典校司。身名同日授，心事一言知。

肺腑都无隔，形骸两不羁。疏狂属年少，闲散为官卑。

分定金兰契，言通药石规。交贤方汲汲，友直每偲偲。

……

不饮长如醉，加餐亦似饥。狂吟一千字，因使寄微之。[2]

---

1. 出自白居易《初与元九别后忽梦见之。及寤而书适至，兼寄＜桐花诗＞此寄》。
2. 出自白居易《代书诗一百韵寄微之》。

白居易这首一千字的长诗写完，刚放下笔，手就止不住地颤抖起来，他随手抓起边上的酒壶仰头狂饮。

那些年的光阴再也回不去了，我病中的牢骚，伤春悲秋的心绪，也再没人能刹那间给我安慰了，元稹如今身在远方，想来过得还未必有我好。这念头一起，往事相思皆比酒浓，珍馐美味不解空乏。只好把它们都写出来，这首诗足足写了一千字，寄给抵达江陵的元稹。

元稹收到诗，坐在席前痴痴看了半日，行走坐卧都在吟诗，满脑子全是长安的花月春风，华阳观里的笑语相逢。元稹当即到书桌旁，开始给白居易和诗，千字长诗好像对他们而言没有任何难度，一个晚上挥毫写成，又让仆从寄回给白居易。

只是这次元稹寄诗之后，很久没得到白居易的回信。

元稹坐卧难安，他想：白二十二一定是出事了。

人在江陵，远离朝廷纷扰，反而有些读书人是真的欣赏元稹，愿意跟他走得近。这些朋友宽慰他："白拾遗公务繁忙，许是忘了。"

还有同僚酒喝得多了些，同样是被贬而来的，颇有些自暴自弃的味道，他说："元白之好，固然世所共知，可元九你也要明白人是会变的。人家是金銮殿上前途无量的清贵之臣，你是被贬江陵的士曹参军，你得有些分寸，日子久了，人家杳无音信是什么意思，你自己本该明白。"

江上风一阵一阵吹过元稹的长发，他一句话都不说，气氛便尴尬起来。席间很多人给那同僚使眼色，还有人凑去元稹身边，想岔开这个话题。

元稹饮尽杯中酒，平静地说："或许人都会变，但白居易若变了，他一定会告诉我。"元稹放下酒杯，环视众人道："所以白乐天数月不寄诗，一定是他出了什么事，诸君且先宴饮，我要去打听长安的消息了。"

丢下面面相觑的江陵诸君，元稹离席而去，那位喝醉的同僚嗤笑一声对众人道："他还以为自己是监察御史呢？左拾遗的朋友必定是监察御史，他都来江陵任参军了，这世上岂还有金石般的交情？元微之这还是年轻了，等他去碰一鼻子灰，知道白拾遗什么事都没有，他也就明白世情了。"

只可惜这位同僚还是失望了。元稹真的打听到了白居易的近况，白居易没心思给元稹寄诗寄信的原因找到了——白居易的母亲病故了。而操持完葬礼的白居易，直接生了一场大病。

元稹人在江陵，没办法过去陪白居易，白居易的信使也终于姗姗来迟，请元稹为他的母亲写墓志铭。

元稹连连点头，他想起自己母亲病故时，白居易对自己的诸多照料，落笔写墓志铭的时候不禁红了眼眶。

随着墓志铭文稿一并送去给白居易的，还有元稹带到江陵的积蓄，数万钱一并让子侄带给了白居易，他知道白居易守丧在家，没有俸禄，正是缺钱的时候。

那几年里，元稹送了一次从长安带来江陵的积蓄，又把在老家攒的积蓄也寄给了白居易，还把江陵任上的俸禄也分出一部分都寄了过去，林林总总送了二十万钱。

二十万钱，都能在京城偏僻点的地方买房了。元稹满打满算也没做过几年官，三年校书郎，日常开销加上房租，一万钱的俸禄只能让他稍有积蓄。后来左拾遗干了五个月就被贬河南，再之后守母丧，穷困潦倒时把之前的积蓄大抵都花光了。

元和四年（公元809年），元稹终于任监察御史，俸禄是涨了，可随后的事情天下皆知，仅仅一年多后他就被贬江陵。这一年多元稹才能攒多少钱？二十万钱对元稹而言，必然是大半身家，元稹说给就给了白居易，其情何其真切。

白居易这次从太原回寄的诗，诗名极其简单，只有三个字——《寄元九》。

一病经四年，亲朋书信断。

穷通合易交，自笑知何晚。

他感慨自己知道得太晚，穷和亨通的时候朋友是不一样的，守孝没了官身，过往的朋友便杳无音信了。

元君在荆楚，去日唯云远。彼独是何人，心如石不转。

又问元稹在荆楚那么远的地方，两人没见的日子何其久啊，怎么元稹就跟寻常人不一样，心如磐石不变，还记得自己呢？

忧我贫病身，书来唯劝勉。上言少愁苦，下道加餐饭。

怜君为谪吏，穷薄家贫褊。三寄衣食资，数盈二十万。

岂是贪衣食，感君心缱绻。念我口中食，分君身上暖。

不因身病久，不因命多蹇。平生亲友心，岂得知深浅。

可元稹你也只是一方谪吏，家底不厚也曾穷困潦倒，却还是寄来衣食钱财，数额都超过了二十万。既然你寄，那我便收，用这些吃的、穿的，就好似还跟你在一起，我感到十分温暖。你始终待我如一，不因我久病或坎坷穷困有丝毫改变。一生中亲友的真心，怎么能知道其深浅呢？

元稹吟罢这首诗仰天一叹，他仿佛见到了病中的白居易，见到了举世皆非。

元稹想起同僚的冷语感叹：再多的年少热血，也终将变得世故而圆滑，再多的海誓山盟，都将散如云烟。但若这世上没有道义只有利弊，这世道该怎么活呢？

元稹望天笑道："没有诗意和知己的人生，活这一遭又有什么意思？"

天边的白云去了又来，来了又去，汹涌的时光带走了白居易的病痛与愁苦，他又回长安任职了，元稹久在江陵却染上了瘴病。

白居易心疼，求来好药给元稹寄过去，附诗道：

未必能治江上瘴，且图遥慰病中情。[1]

没过几个月，白居易就收到了元稹的回信——

愁肠欲转蛟龙吼，醉眼初开日月明。[2]

那一身病痛都好啦，你也不用担心了，你的药很有效果，让我醉眼初开日月明。

只有一样不好——

唯有思君治不得，膏销雪尽意还生。

元和十年（公元815年），三十六岁的元稹告别江陵诸君奉召回朝，他能不能重新得到任用，自己心里也没底，但他还是止不住高兴。

无论如何，至少他能再见白乐天了。这五年的分别岁月，终于结束了。

---

1. 出自白居易《闻微之江陵卧病以大通中散碧腴垂云膏寄之因题四韵》。
2. 出自元稹《予病瘴，乐天寄通中散、碧腴垂云膏仍题四韵以慰远怀开坼之间因有酬答》。

第六章 江州司马 青衫湿

房昊·文

CHAPTER SIX

回京的这条路，元稹似曾相识，他去江陵就是这么走的，回来的时候山水还是那些山水，花草却不是当初见到的模样了。比如元稹又到了曾峰馆，又见到了那一树桐花。当年的桐树已经长满新的枝芽，正如元稹自己也已苍发斑鬓，这不能不让他生出一股诗意。

　　去日桐花半桐叶，别来桐树老桐孙。

　　城中过尽无穷事，白发满头归故园。[1]

　　这诗里多少带点萧索之意，元稹其实也知道，自己这次回长安，未必能得皇帝重用。朝廷对藩镇用兵已有些年头，却迟迟没有打开局面，两方越僵持，元稹这个对藩镇高举高打的言官就越不会被轻易起用，没人知道这仗是不是还能打下去。

　　元稹叹了口气，走到蓝桥驿的时候，忍不住又在柱子上题诗：

　　心知魏阙无多地，十二琼楼百里西。[2]

　　那座城里想来还是没有我的容身之处了，所谓"一夜思量十年事，几人强健几人无"[3]，当元稹在城门口没见到白居易的时候，这股萧索的情绪达到了顶峰。

　　白居易这会儿还在当赞善大夫，不像校书郎时那样清闲，没法去接元稹，于是元稹就带着这股萧索的情绪信马由缰，在离开六年的京城里四处乱走。

　　回到故宅，元稹长长吐出一口气，这是他家的祖宅，他们再艰难的时候都没卖掉这座祖宅。元稹少年时也曾想过，这座宅子会在自己手里恢复曾经的荣光，要门庭若市、光耀门楣。可如今这里什么都不剩了。

　　他离开的时候，宅子里有一棵树高耸入云，蔚为壮观，可如今元稹面前只剩满地荒芜的乱草，窗户早已破了，屋内尘网丛生，幽幽的宅院里只传来一阵阵鸟鸣声。

　　元稹身边的仆从看他情绪不对，小声劝道："郎君，要不换个地方走走吧？"

　　元稹明白仆从的意思，是想让他看看当年游乐的地方，可元稹摇摇头说道："此处与他处又有什么分别？白头归舍意如何，贺处无穷吊亦多，左降去时裴相宅，旧来车马几人过。[4]

　　抵达祖宅之前，元稹也路过了裴相国的故居。当年元稹任左拾遗被贬，正是这位裴相国把

---

1. 出自元稹《桐孙诗（后元和十年诏召入京及通州司马以后诗）》。
2. 出自元稹《留呈梦得、子厚、致用（题蓝桥驿）》。
3. 出自元稹《西归绝句十二首》。
4. 出自元稹《西归绝句十二首》。

他保回来任监察御史的,如今裴相国病逝,他的故居也跟元稹的祖宅相仿,门可罗雀,荒无人烟。

元稹正伤感,一个总是在他梦里出现的声音,从大门外响起,在他身后不远处回荡:"微之,微之,崇敬寺的牡丹开了,去看啊!"

元稹无数次听到过这句话,有时候一回头,身后什么都没有,有时候一转身,差点从床上掉下来,才知道原来一切都是梦。当年的长安城,他再也回不去了。即便如此,每每听到这个声音,元稹也还是会回首。

靖安坊祖宅外,风也轻柔,云也轻柔,元稹这次回首见到了冲他挥手的白居易。阳光从白居易身上肆意地洒过,白居易还没脱官袍就冲元稹奔来。元稹想掉泪,这次不是梦了,终于不是梦了。当年的长安固然已经不再,当年的人却永远都在。

白居易望着元稹的白发笑道:"你那诗里果然写得不错,毕竟百年同是梦,长年何异少何为,如今的你白发如星也任垂啊。"

这诗是二十多岁的元稹安慰初生白发的白居易所写,没想到兜兜转转十来年过去,又被白居易用到了他自己身上。你别说,是有被安慰到。

也不知道是因为白居易的到来,还是自己意气风发时的诗太豁达,这一路上物是人非的萧索情绪,在这一刹那全都消散了,元稹冲白居易道:"偷懒可不成,想安慰我,你得新作一首。"

白居易大笑道:"诗多有,酒管够,走走走,且去崇敬寺里看牡丹!"

那几日,白居易暂时放下了公务,元稹也不再挂怀未来前程,他们呼朋唤友,仿佛又回到了同为校书郎的岁月。

正值春日,元白二人四处踏青,去城南时还叫上了"短李"李绅,一群人从十年前说到现在,过去未了的棋局、这些年浮浮沉沉见到的有趣之人和有趣之事怎么说都说不够。

这群人聚在一起,当然也要谈诗,那些工整的七律、肆意的歌行都在他们口中吟咏。元稹情绪丰富,好新艳小律,又笑着鼓动众人玩作诗游戏,把新艳小律写得清新脱俗。

从城南回城里的这一路上,只见元稹一首吟出来,白居易一首还回去,白居易话音未落,元稹又已经顺着他的韵接了一首。

李绅在边上几次想开口,完全插不上话。李绅心想没关系,你们还没有累的时候吗?结果没有，完全没有。这两人从城南皇子陂到城内昭国里，二十多里路，你来我往，吟咏不绝，丝毫没有别人插嘴的空隙。

李绅心想：这你还找我玩什么！你俩玩呗！

回到昭国里之后，这群人就要各回各家了，元稹恋恋不舍之余，脑海中突然跳出个念头。元稹又像他二十多岁时那般兴奋，他冲众人道："这些年我们也写了不少诗，不如编一本《元白往还集》如何？"

白居易当场叫好，李绅等人怔了一怔，接着就意识到元白二人在当今诗坛的分量，他们对视几眼过后，莫不拍手叫绝："这是文坛盛事，大唐盛事也！"

元稹跟白居易相约，把这些年的诗稿都整理出来，务必编成这本《元白往还集》。

奈何世事不如意者十之八九，《元白往还集》还没开工，元稹未卜的前途就有了定数——再贬通州司马。

对于这个结局，元稹早有预料，他也跟白居易等人提过，所以这次白居易等人特地留出了时间，能好好送元稹一程。

出西门，过沣水桥，一直送到蒲池村，这些人才堪堪停下。

元稹对他们说："天下无不散的筵席，比起前两次，至少这次我去通州，还有筵席可聚，还有诗酒可娱，已算是贬谪之中的幸事了。"

白居易摇摇头："三月三十了，大好春光，却自此去也。"

元稹拍拍白居易的肩膀，想说没关系，春光总会再回来的。可元稹又想到自己体弱多病，通州在巴蜀蛮荒之地，自此一别，真的未必能见了。

元稹一沉默，白居易当场就说："来，微之，我来给你写诗！"

城西三月三十日，别友辞春两恨多。

帝里却归犹寂寞，通州独去又如何。[1]

听完这首诗，元稹道："乐天是不想让我笑着走了。"

白居易道："黯然销魂者，唯别而已矣[2]，离别之际长歌当哭。"

---

1. 出自白居易《城西别元九》。
2. 出自江淹《别赋》。

那天众人加上元稹纷纷饮酒题诗，酒喝到最后，离别愁绪化为一股豪气，澄清玉宇恢复大唐盛世已经没多少人想了，可撑到从蛮荒之地回来再聚再饮，这个盼头总是有的。

大醉之后，人们三三两两各自散去，元稹也独自去往通州。

白居易回程颠簸了一路，被迟来的阵阵春风吹醒，回到长安城门前的时候，他在门前下马，驻足回望西南，向仆从要来纸笔，又为元稹写下一首诗：

蒲池村里匆匆别，沣水桥边兀兀回。

行到城门残酒醒，万重离恨一时来。[1]

刚刚分别，我已有万重离恨啊。白居易收起纸笔怅望良久，终究要返回长安，去奔赴他的新战场。

这一年里长安城也发生了许多事，力主跟藩镇作战的大唐宰相被当街刺杀，与宰相共进退的侍郎裴度也被行刺。满朝文武却都装聋作哑，不去给藩镇施压、寻找刺客，反而提起了议和之策。

此时白居易已经不是左拾遗了，进言非他本职，可事态发展到这个地步，他人在京城不站出来说话，他就不是白居易！四十多岁的白居易仍旧能冒出少年时的热血，一封奏疏递上去，称藩镇气焰嚣张，不可和谈，务必严查凶手。

庙堂之中有不少人收过藩镇的好处，还有些人打仗只算经济账，对能否收复失地不在乎，对藩镇治下的百姓过得有多惨也不在乎。各路人马都对白居易在这个时候上这封奏疏很有意见。更别说当初白居易倡导的新乐府运动骂了多少人，那些生动鲜活的文字揭露了多少人品行不端？这群人对付不了裴度，还对付不了你一个白居易？

当然，白居易要严查凶手，不跟藩镇和谈，这都不算什么罪过，即便他越职上言，皇帝跟裴度也会体谅，欲报复他的人未必能办得了他，但小人们有的是办法。

王涯此人，向来知道白居易好作诗而且诗才敏捷，生活里所见所闻，种种感触尽能拿来写诗。他就去翻白居易的诗，没想到真让他翻出了东西。王涯顿时就激动了，兴奋了，宛如跳梁的小丑见到英雄身上的疮，指着白居易的诗大声道："白居易的母亲看花坠井而死，白居易还咏花

---

1. 出自白居易《醉后却寄元九》。

写井,这是不孝啊!"

王涯冲锋在前,朝中各路权贵对白居易群起而攻之,皇帝正忙战事焦头烂额,裴度也忙着请命,打算亲自奔赴前线去平叛乱,没人在乎一个小小的赞善大夫。最终白居易以"有害名教"的罪名,被贬为江州司马。[1]

有了元稹的前车之鉴,白居易也不是没有预料到自己的下场,但他怎么也没想到,自己会以这样荒诞的理由被贬。

离开长安的时候,白居易又收到了元稹的信。元稹已经到了通州,那里环境恶劣,"四面千重火云合,中心一道瘴江流。虫蛇白昼拦官道,蚊蚋黄昏扑郡楼。"[2]

让元稹唯一感到安慰的是,他虽在通州,仍旧见到了白居易的诗。那是别人写在驿馆里的,落句为:

绿水红莲一朵开,千花百草无颜色。

白居易当即想到了这是什么时候的诗,那会儿他还不认识元稹,刚刚及第的他春风得意,给长安城里一位叫阿软的歌姬写了这首诗。想想已是十五年前的事了,白居易回诗道:

十五年前似梦游,曾将诗句结风流。

偶助笑歌嘲阿软,可知传诵到通州。

昔教红袖佳人唱,今遣青衫司马愁。

惆怅又闻题处所,雨淋江馆破墙头。[3]

白居易原本没想告诉元稹自己被贬的消息,通州已经够难了——"通州海内凄惶地,司马人间冗长官"[4],微之又是个体弱多病的,自己又何必去给他再添烦忧呢?

只是元白二人的共同好友实在太多,更不必说白居易从长安去江州,经过的许多地点他分

---

1. 据《旧唐书·列传·卷一百一十六》记载:"会有素恶居易者,掎摭居易,言浮华无行,其母因看花堕井而死,而居易作《赏花》及《新井》诗,甚伤名教,不宜置彼周行。执政方恶其言事,奏贬为江表刺史。诏出,中书舍人王涯上疏论之,言居易所犯状迹,不宜治郡,追诏授江州司马。"
2. 出自白居易《得微之到官后书备知通州之事怅然有感因成四章》。
3. 出自白居易《微之到通州日授馆未安见尘壁间有数行字读之,即仆旧诗其落句云渌水红莲一朵开,千花百草无颜色,然不知题者何人也。微之吟叹不足,因缄一章,兼录仆诗本同寄。省其诗,乃是十五年前初及第时,赠长安妓人阿软绝句。缅思往事,杳若梦中,怀旧感今,因酬长句》。
4. 出自白居易《得微之到官后书备知通州之事怅然有感因成四章》。

明没来过，却又那么熟悉。白居易岂能不写诗，写了诗岂能不给元稹看？

比如白居易也经过武关，也看到了武关外的石榴花，他当即想起从前元稹写给自己的诗。隔了许多年，白居易在曾经元稹驻足过的花前五味杂陈，忍不住又给元稹写诗：

当时丛畔唯思我，今日阑前只忆君。

忆君不见坐销落，日西风起红纷纷。[1]

过了武关，还有蓝桥驿。不久之前元稹就是从这里回京，写下了对自己前途早有预料的诗句，如今白居易见到，更是感慨：

蓝桥春雪君归日，秦岭秋风我去时。

每到驿亭先下马，循墙绕柱觅君诗。[2]

通过这几首诗，加上还有许多朋友的书信先后抵达通州，元稹终于得知了真相。

那时元稹也真的病了，这里瘴气横生，他水土不服。元稹从来没病得这么重过，吃了药也总是不见好，通州是蛮荒之地，郎中的水平也堪忧。

元稹想，或许这次我真的要死了。就在这个时候，元稹收到了确切的消息，白居易被贬为江州司马。

残灯无焰影幢幢，此夕闻君谪九江。

垂死病中惊坐起，暗风吹雨入寒窗。[3]

没有多余的力气，元稹连写封信的精神都不剩了，他只能寄去这首诗，把当日的凄风冷雨，当时的悲愤苍凉，尽数寄给白居易。

而白居易收到诗时，大抵已经到江州了，路上那些元稹曾经走过的痕迹一点点消失，江州望通州，天涯与地末。

又见到"垂死病中惊坐起"，白居易悲从中来——

谁知千古险，为我二人设。通州君初到，郁郁愁如结，江州我方去，迢迢行未歇。

道路日乖隔，音信日断绝。因风欲寄语，地远声不彻。生当复相逢，死当从此别。

---

1. 出自白居易《山石榴寄元九》。
2. 出自白居易《蓝桥驿见元九诗》。
3. 出自元稹《闻乐天授江州司马》。

"生当复相逢，死当从此别"——白居易写下这两句时，当真快要泣血成诗。

或许是觉得这样对元稹的病情更不好了，白居易匆匆又写了两首，将这一共三篇寄给微之，最后落句为：

风回终有时，云合岂无因。努力各自爱，穷通我尔身。[1]

只希望这份鼓励跟期盼，能让微之撑过这场病吧。可白居易没想到，这三首诗寄给微之后竟如石沉大海，久久没有回音。

直到元稹的朋友抵达江州，把元稹的二十多轴诗文送给白居易，白居易才知道元稹这次生病，不是以往的小病，他大病百余日仍不见好，又去了兴元求医。

白居易下意识抓紧了诗轴，声音颤抖道："兴元有名医对吧？微之能好的对吧？"

元稹的朋友顿了顿，接着重重点头，像是在说服白居易，又像是在说服自己："能好的，一定能好的！"

话虽如此，可白居易终究难以放心。他写下一首百韵长诗：

去夏微之疟，今春席八姐。天涯书达否，泉下哭知无。

谩写诗盈卷，空盛酒满壶。只添新怅望，岂复旧欢娱。

壮志因愁减，衰容与病俱。相逢应不识，满颔白髭须。[2]

……

几百年后的"纵使相逢应不识，尘满面，鬓如霜"[3]，便有白居易写给元稹的影子。只是这首百韵长诗仍旧没有回音。

白居易有些慌了，对元稹的牵挂，叫他某天夜里又梦到跟元稹在长安城度过的轻狂烂漫的岁月。他们相约匡济天下，他们对云天花月醉春风，他们携手并肩，对抗这个世界。醒来后，白居易又独对空荡的四壁。

白居易当然知道，现在寄诗恐怕得不到回音，寄去的地方也不知该写通州还是兴元，更不知元稹是否能看到。

---

1. 出自白居易《寄微之三首》。
2. 出自白居易《东南行一百韵寄通州元九侍御澧州李十一舍人……窦七校书》。
3. 出自苏轼《江城子·乙卯正月二十日夜记梦》。

可白居易总是要寄的。

仿佛这首诗寄去了，元稹就一定能收到，也一定能挺过这场病。白居易故作轻松地写道：

不知忆我因何事，昨夜三回梦见君。

这首诗果然也迟迟没有得到元稹的唱和。

这场梦也没有从白居易的脑海中脱离，他去送客的时候听到一阵琵琶声，像极了那年他在长安城跟元稹一起听过的曲子。

那天夜里，好一场盛大的筵席，宴罢客人上船，琵琶女归家，只有白居易坐在孤舟之中，望江月茫茫，提酒对着人去船空的位置，依稀能看到琵琶女，又似乎见到的是当初年少轻狂的自己与元微之。

白居易开始写诗。

转轴拨弦三两声，未成曲调先有情。

弦弦掩抑声声思，似诉平生不得志。

我何人也？微之何人也？我们起于寒微，懂得推己及人，自己暖了便想让天下人暖，自己有这些俸禄便不想让百姓在寒来暑往之间冻死饿死。我想改变这个天下，为何总是郁郁不得志？

曲罢曾教善才服，妆成每被秋娘妒。

五陵年少争缠头，一曲红绡不知数。

我也曾扬名天下，我也曾是大雁塔下的轻狂少年，我也曾是长安城里掀起新乐府长歌的旗手，不知多少人想让我评点他们笔墨，又不知有多少人对我嫉妒、怨恨，可他们灼灼的目光还是挡不住我一首诗仍旧可以令洛阳纸贵。

我也曾跟元稹"今年欢笑复明年，秋月春风等闲度"[1]，我以为我的一生都将如此。

弟走从军阿姨死，暮去朝来颜色故。

门前冷落鞍马稀，老大嫁作商人妇。

……

夜深忽梦少年事，梦啼妆泪红阑干。

原来人的一生是分四季的，万里春风，一地霜白，全由不得自己。

---

1. 出自白居易《琵琶行》。

那些年曾经看重、欣赏、庇护自己的长辈不知何时已渐渐离开官场了，元稹也不再是可以被容忍的青年才俊了。他触了皇帝逆鳞，我得罪了宦官，皇帝开始嫌我们不合时宜。

他听了下人之病苦，却来怪我为何要写这么多讽喻诗。原来今上不是太宗，我也当不了诤臣，可左拾遗不就是干这个的吗？

如果这个世道最终都要求人们学会和光同尘、明哲保身，那为何要一开始就教我圣贤书里的兼济天下，为何要教我虽千万人吾往矣？

同是天涯沦落人，相逢何必曾相识。

……

座中泣下谁最多？江州司马青衫湿。

——这次贬谪，贬出了白居易另一首传世之作《琵琶行》。

只是白居易在这首诗写完之后——"东船西舫悄无言，唯见江心秋月白"，他动也不动，仿佛能看到曾经的少年冲他挥手一笑，纵身一跃，也沉入大江之中了。

那个写讽喻诗的白居易，再也不见了。江州司马泪痕未干，面无表情地静静饮下一杯酒，告别了当日的自己。

这里边的辛酸苦痛，除了元稹，又能对谁说呢？可是元九啊，你究竟在哪里呢？你还在吗？

几天之后，再也按捺不住的白居易挥毫给元稹写信，他写过那么多"微之微之"，如今落在笔端，提笔却分外沉重。

微之微之！不见足下面已三年矣，不得足下书欲二年矣，人生几何，离阔如此？况以胶漆之心，置于胡越之身，进不得相合，退不能相忘，牵挛乖隔，各欲白首。微之微之，如何如何！天实为之，谓之奈何！

这两年以来，百般担忧煎熬，被贬谪的愁苦悲愤，尽数喷涌在《与元微之书》里，落笔便是杜鹃啼血。非如此，不能平复心绪；非如此，不能尽数道来自己的境遇。

白居易告诉元稹，江州还算不错，自己一切都好，便是在江州终老，也没什么不能接受的。

写到最后，白居易又不知该说什么了。千言万语都在心头，万语千言又不知从何说起：

微之微之！作此书夜，正在草堂中山窗下，信手把笔，随意乱书，封题之时，不觉欲曙……

余习所牵,便成三韵云:

"忆昔封书与君夜,金銮殿后欲明天。

今夜封书在何处?庐山庵里晓灯前。

笼鸟槛猿俱未死,人间相见是何年!"

微之微之!此夕我心,君知之乎?乐天顿首。

这封信白居易写了一整夜,全文算上标点也不到八百字,中间有多少写了又删去、想说又未说的话,已经不得而知了。

人们能知道的便只有"江州司马青衫湿",好在千百声的呼唤过后,他所期待的回音就在不远处了。

小栏目

白行简：
关于我哥
那些不得不说的事儿

顾闪闪·文

@梦境捕手白行简Lv.7

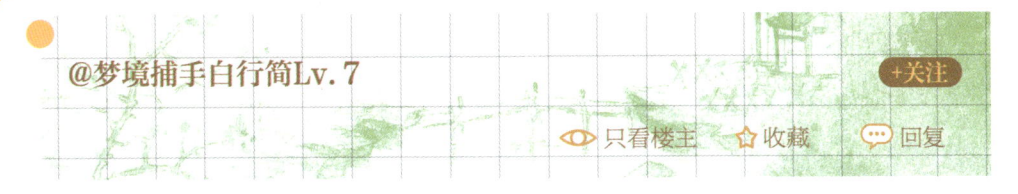

+关注

👁 只看楼主　⭐ 收藏　💬 回复

首先说明一下，这是一篇关于我哥和他密友元稹的吐槽帖。

接下来你看到的这些内容，都是我饱含着激愤和眼泪一个字一个字敲出来的，带有很浓烈的个人情绪，两人的粉丝和心理承受能力差的读者，就不要往下翻了，我怕吐槽得狠了，你们会接受不了。

🎁 送TA礼物　↗ 分享

好了，接下来回归正题。

本人白行简，字知退，鉴于我和我哥的名字对仗十分工整，你们大概已经猜到我哥是谁了，他便是传说中的那位大诗人——白居易。

我哥生于大历七年（公元772年），自小便是远近闻名的天才儿童，长大后更是成长为一位震撼全国的顶级学霸，年仅二十八岁就考中了进士，是那一年大雁塔题名天团中最年轻的一位。因为诗作得非常好，他还被赋予了许多霸气响亮的名头，譬如什么"诗王""诗魔"，听上去十分酷炫。

当然，作为小他四岁的弟弟，我白行简也是位奇迹少年。

自小我就是追逐着哥哥的背影长大的。记得那些年，哥哥学作诗，我就跟着作诗，哥哥考中进士，我就紧接着考中进士，哥哥当秘书省校书郎，我就刚好也被任命为秘书省校书郎。

虽然在诗词上的成就不及哥哥，但本人到底也是唐传奇的代表作者，我撰写的《李娃传》情节波澜起伏，可看性极强，开创了唐传奇的"大女主"时代，每每被搬上戏台，都能取得不俗的票房。在作赋方面，我也卓有成就，如果说我哥哥是科举考试的标杆，那我的赋就是文士们写赋的范文。

如果剧情就这样推进下去，我和我哥极有可能成为像隔壁大宋版块苏轼和苏辙那样的兄弟楷模。

然而那个男人的出现，改变了一切——

--- 分　割　线 ---

事情还要从元和元年（公元806年）的那一天说起。

记得那天早上，我哥向全家人宣布，他任期已满，要从秘书省校书郎的岗位上离职了。

那我当然得问："那你接下来怎么办呢？"

我哥摸着我的头说自己要全心全意为明年四月的"才识兼茂明于体用"科的大考做准备，但我有种预感，事情远没有那么简单。

果然，没过几天，我哥就打包好全部行囊，宣布自己要到永崇坊的华阳观去住。他给出的理由是，华阳观环境清幽、生活便利，实属备考胜地，但我名侦探白行简眉头一皱，已经揣摩出了不对劲的地方。

就在我哥搬到华阳观后没多久，我便悄悄潜入了他的住所周边。是夜行云遮月，窗内一灯如豆，缥缈闪烁；窗外寂静漆黑，伸手不见五指，目之所及，发亮的只有我那一排藏不住的大白牙。

忽然，我听见了一阵敲门声。

紧接着，我的心疯狂地跳动起来，各种猜想如滚烫的潮水一般涌入我的大脑：这么晚了，谁会前来夜会我哥？是他那传说中的初恋湘灵？隔壁东墙窥宋的妙龄女子？还是教坊最美的琵琶姬小翠姑娘？

看着我哥提着灯笼，脚步匆匆，满脸笑意地走出来迎接，我感觉自己的心都提到了嗓子眼。那一瞬间，我连调侃他的台词都想好了："藏，你倒是藏啊！你藏得再好，还不是被慧眼如炬的你弟弟我发现了？"

我的嘴角上翘到无以复加的程度，然而下一刻，我在灯笼的微光中，看到了元稹的脸。

——哦，是你啊。

--- 分　割　线 ---

不对！元稹！怎么会是你？

大冷天的，我在这里蹲了这么久，难道是为了等你的吗？虽然我承认你长得不错，但你一个大老爷们，大半夜的敲门来找我哥干什么？我就问，你想干什么？！

我的疑问并没有持续多久，因为两个人很快用行动回答了我——元稹是来学习的，那一晚两个人并肩坐在灯下，就着微弱的灯光奋笔疾书疯狂做题，一直到鸡鸣报晓，天光大亮。

是的，我等了一整晚，两人就学习了一整晚。

第二天，我打着瞌睡坐在书桌前继续备考，遗憾的是，面前的书我是一个字也没看进去。直到那时，我才忽然想起来，难怪！难怪都城的道观这么多，我哥却偏偏挑中了华阳观，除去租金低廉、环境清幽、生活便利这些外在条件之外，最关键的一点他始终没说——是的，真相只有一个，元稹也搬去了华阳观备考。

一时间，无数回忆涌入我的脑海：从我哥参加完书判拔萃科考试后，对同年考中的元稹赞不绝口；到我哥惊喜地告诉我，他和元稹竟然都分配到秘书省做了校书郎，真是缘分匪浅；等两个人做了同僚后，相处的点点滴滴那就更多了，光是我哥和我讲的那些，就听得我耳根长茧子。具体细节你们可以自己去翻两人写给对方的诗，这里我就不做赘述了。

总而言之，自从两人一起备考后，友情的牢固程度更是今非昔比。不过两人秉烛夜游，也并没有影响学习，在第二年的制科考试中双双登第，元稹更是考出了全国第一的好成绩。

从那以后，两个人的往来更加频繁，即使朝廷强行将两个人分开，让他们在不同的地方任职，两个人的书信酬答也从未断过。

元稹离京了，我哥要写"同心一人去，坐觉长安空"。

元稹被贬官了，我哥要写"何罪遣君居此地，天高无处问来由"[1]，那架势就差指天大骂，老天爷不长眼了。

元稹生病了，我哥还要巴巴给人家寄药过去，寄完还得写诗补充："未必能治江上瘴，且图遥慰病中情。到时想得君拈得，枕上开看眼暂明。[2]"

矫不矫情？不过在矫情这件事上，元稹也不遑多让，毕竟这位可是写出过"唯有思君治不得，

---

1. 出自白居易《得微之到官后书备知通州之事怅然有感因成四章》。
2. 出自白居易《闻微之江陵卧病，以大通中散、碧腴垂云膏寄之因题四韵》。

膏销雪尽意还生"[1]的人啊。

如此种种，难以计数，元稹的来信塞满了我哥家的信箱——不，不可能塞满，因为书信到来的第一时间，我哥就会忙不迭地捧去看了，哪会任由它冷落在信箱之中呢？被冷落的只有弟弟我罢了。

有时他也会把这些信拿给我鉴赏，来来往往，看得我牙龈反酸，夜里做了好多抽象的梦。

我哥还告诉我，他和元稹因为关系好，近来还得了一个"元白"的组合名，他心里实在是高兴得不得了。呵呵，不是"双白"，是"元白"！无所谓，谁在乎？

如果上述这些我都勉强还能忍，但元稹接下来的一段发言，我可真心是忍不了了。

我母亲去世后，元稹作为我哥的至交好友，曾为我母亲写过一篇祭文，这篇祭文言辞恳切，十分感人，作为人子，我也十分感激元九哥哥。但是我还是想问一下，祭文中的这句说他自己与我哥"迹由情合，言以心诚，遂定死生之契，期于日月可盟，谊同金石，爱等弟兄"的形容礼貌吗？

如果你们是兄弟的话，那我算什么？西市鸡蛋大酬宾顺手拎回来的赠品吗？！

好了，今天就先吐槽到这里，元九和白二十二，你们俩好自为之吧。

分 割 线

本来不想再开这篇帖子的，毕竟我已经是个成熟的朝廷命官了。

不过元稹和白居易，你俩也不要太过分，我可不想千年以后，后人为我们刻石像，我还得巴巴地站在你俩身旁当工具人。

闲话少叙，今天我要吐槽的事情，皆因元稹的一个梦而起。

说起来，这俩人跟梦扯上关系也不是头一回了，不知为啥，他们特别喜欢搞这种"你梦见我，我梦见你"的噱头。

早在两年前，他俩便创作过以"梦"为题材的诗作。当时元稹被贬到通州瘴蛮之地，处境十分艰难，我哥在江州急得如同热锅上的蚂蚁，全然忘了自己也是被贬过来的，每日就念叨着"不

---

1. 出自元稹《予病瘴，乐天寄通中散、碧腴垂云膏，仍题四韵以慰远怀开坼之间因有酬答》。

知道微之现在过得好不好""微之身体可还健康"。

或许是日有所思,夜有所梦,在我哥的不懈念叨下,元稹还真出现在了他的梦里。这可给我哥乐坏了,醒了之后还回味着这个梦,迟迟不肯放下。在江州清晨的微风中,我哥铺纸研墨,满怀深情地给元稹写了一首诗,诗中写道:"不知忆我因何事,昨夜三回梦见君。"

聪明的朋友或许已经看破了我哥藏在诗里的心机——明明是他自己思念人家,思念得夜里频频做梦,却偏要"反咬一口",说是元稹思念他,所以才专程跑到他的梦里来。

对此,我只想说你们大诗人之间的事,我们普通人实在不懂。

这封信寄出没多久,我哥便收到了元稹的回信。这封信我后来也有幸鉴赏了一下,到现在想起来眼珠子都有些胀痛,在诗的开头,元稹是这样写的:"山水万重书断绝,念君怜我梦相闻。"

"你做梦梦到我的这件事,我已经知道啦,你通过这个梦,对我寄托的心意,我也全部收到了。"

所以什么叫高手过招,元稹只用了两句话,便将"思念"这顶帽子反扣回我哥头上。他就差和我哥明说了,什么"我想你这才跑到你梦里来",明明是"你怜我才会梦见我"吧!

"我今因病魂颠倒,唯梦闲人不梦君"——如果说前两句还只是小试牛刀,那么接下来这两句,元九则拉扯到了极致。

当日我哥读过此诗后到底是何心情,我这边已经无从追溯了,我只知道自那之后整整两个月,我哥都在四处求购治疗疟疾的良药及"如何让亲友梦见我"的实用教程。

分 割 线

其实,他们俩爱"发梦"的历史可以追溯到元和四年(公元809年)。

当时,元稹被任命为监察御史,出使剑南东川。我承认,在听到这个消息时,心中是有那么一点点窃喜的,毕竟眼前终于能清静一会儿了——但我哥显然不这么想。为了驱散他的忧郁,我专门拉上他,又约上好友李杓直,也就是李建,一起同游曲江慈恩寺。

要知道,这种良辰美景,微风拂面,且我哥身边没有元稹只有我的场景是多么难得,因此我也十分珍惜这次同游的机会。

那一天，我们几乎逛遍了慈恩寺的每一间佛舍，直到日落西山，还意犹未尽。在李杓直的建议下，我们又到了他的住所，摆酒共饮。

酒过三巡，我们仨人都有点上头，正当我想拉着我哥畅叙兄弟之情的时候，我哥却忽然停杯陷入了呆滞，待了约莫一炷香的时间，他才回过神来，喃喃道："微之应该到梁州了。"

啊？不是，你想念元稹我可以理解，可人家到哪了，你是怎么知道的？

所以刚才这一炷香的时间，您是灵魂出窍，飞过去看了一眼是吗？还是你俩的感情已经发展到不用写信，直接能靠脑电波交流的程度了？

面对我的一连串质问，我哥置若罔闻，只是命人取来纸笔，潇洒地写下一首思念元稹的诗。

对此，我心中十分不屑，认为这只是我哥思念元稹思念到魔怔了，想不到十多天后从梁州捎来的一封加急信，却打肿了我的脸。

当时，我哥看见信封上"元稹"两个大字后，就忙不迭展开信纸，而后神情几度变化，最后欢快地拉住我道："我给你念念微之写给我的诗！"

没必要，真没必要，不是每个人都想听你俩的友情故事！

但我哥丝毫不顾我的感受，还是大声将那首诗读了出来："梦君兄弟曲江头，也入慈恩院里游。属吏唤人拍马去，觉来身在古梁州。"[1]

简而言之，这首诗的意思就是——"我梦见你们兄弟俩同游曲江了，不仅游曲江，你们还进慈恩寺了。顺便说一下，梦醒时分，我发现自己已经身在梁州了。"

所以还有没有人管啊？你在我哥身上装监控也就算了，要不要也把我拍进去啊？我也是有隐私的！

然而还没等我吐槽完，我哥就发现了更诡异的事情，元稹在这封信上注明的日期，和我哥游寺题诗、预测元稹到梁州的日期半点不差。

什么叫默契？什么叫心有灵犀？即便是相隔万里，也要在梦里找到你。

---

1. 据白行简《三梦记》记载："实二月二十一日也。十许日，会梁州使适至，获微之书一函，后寄《纪梦诗》一篇，其词曰：'梦君兄弟曲江头，也入慈恩院里游。属吏唤人排马去，觉来身在古梁州。'日月与游寺题诗日月率同，盖所谓此有所为而彼梦之者矣。"

我懂了，我悟了，我好像有点明白自己为什么字"知退"了。白是我的姓，自觉退出是我的命。哈哈，你俩继续在这生死纠缠吧，小弟去写《天地阴阳交欢大乐赋》了……

AUTUMN

秋

蒹葭同心共兴业

第三卷

VOLUME 3

四月十日夜，乐天白：

微之微之！不见足下面已三年矣，不得足下书欲二年矣，人生几何，离阔如此？况以胶漆之心，置于胡越之身，进不得相合，退不能相忘，牵挛乖隔，各欲白首。微之微之，如何如何！天实为之，谓之奈何！

仆初到浔阳时，有熊孺登来，得足下前年病甚时一札，上报疾状，次叙病心，终论平生交分。且云：危惙之际，不暇及他，唯收数帙文章，封题其上曰："他日送达白二十二郎，便请以代书。"悲哉！微之于我也，其若是乎！又睹所寄闻仆左降诗云："残灯无焰影幢幢，此夕闻君谪九江。垂死病中惊坐起，暗风吹雨入寒窗。"此句他人尚不可闻，况仆心哉！至今每吟，犹恻恻耳……

微之微之！作此书夜，正在草堂中山窗下，信手把笔，随意乱书。封题之时，不觉欲曙。举头但见山僧一两人，或坐或睡。又闻山猿谷鸟，哀鸣啾啾。平生故人，去我万里，瞥然尘念，此际暂生。余习所牵，便成三韵云："忆昔封书与君夜，金銮殿后欲明天。今夜封书在何处？庐山庵里晓灯前。笼鸟槛猿俱未死，人间相见是何年！"

微之微之！此夕我心，君知之乎？

乐天顿首。

第七章 与君相遇知何处

CHAPTER SEVEN

房昊·文

元和十二年（公元817年）冬，缠绵病榻的元稹终于好起来了，他还能走、还能笑、还能大跳。

——通州司马元微之，他病好了！

元稹此时还不知道通州那边已经收到了无数封白居易的诗信，而他大病一场、险死还生，正是心境开阔之时。他挂念的是白居易被贬江州，会不会心情抑郁，会不会跟自己一样病倒。想得久了，路上却没地儿寄信，直到走到阆州开元寺，元稹终于有了机会。

日思夜想又没条件寄信，元稹在脑子里翻来覆去默念白居易的诗，这会儿到了开元寺，庙里的住持听过元稹的名声，便想请他留下些墨宝。

元稹笑着答应又问住持："写些什么好呢？"

住持笑呵呵地说："元施主此刻最想写什么，落笔写什么便好。"

元稹挥毫泼墨、笔走龙蛇，在开元寺墙上写诗，一首接着一首，从东墙写到西墙。住持原本还能做好表情管理，可当元稹把所有墙上都写满了诗，住持就有点绷不住了："元施主，元施主可以了，元施主给后来的诗人留点发挥空间吧。"

"而且元施主你这写的怎么还有长恨歌啊，那不是白施主的诗吗？"

元稹放下笔，对着满墙诗歌展颜一笑："是啊，大师才看出来吗？我写的全是白居易的诗啊。"元稹吐出口气，转身问住持道，"您这里既然有文人题诗，想来也能寄信吧？"

住持一听蒙了，还没反应过来元稹为什么要在墙上写满白居易的诗，闻言下意识点了点头。

元稹大喜，赶紧铺好一张信纸，便开始给白居易写诗：

忆君无计写君诗，写尽千行说向谁。

题在阆州东寺壁，几时知是见君时。[1]

思念你又没有别的法子可排遣，只好写你的诗。把你的诗写满了寺内的墙壁，也不知何时才能再见啊？

将这首诗写完装好后，元稹拿到住持面前，双目满是期待："大师，寄给江州司马，成吗？"

住持沉默了片刻，他现在隐约有点理解了，他双手合十说："阿弥陀佛，贫僧自无不可。"

隔了两年，白居易终于再次收到了元稹的消息，而且还这么有趣。白居易读诗大笑，连喝三杯酒，当场喊道："来人！把家里的屏风全都搬来，微之病好了，我要写诗，写千行百行诗！"

---

1. 出自元稹《阆州开元寺壁题乐天诗》。

那天白居易醉里泼墨，把家里所有屏风都写满了元稹的诗，白居易越写越开心，越写越欢喜，实在没屏风可写了，他才又写了一首寄给元稹：

君写我诗盈寺壁，我题君句满屏风。

与君相遇知何处，两叶浮萍大海中。[1]

无论浪涛如何大，无论你我如何渺小，只要你我都还活着，那总有重逢的一天。

这年冬天，元稹从兴元回到了通州，他才发现白居易竟然给自己寄了这么多诗。以后每每白居易的诗一来，元稹就红了眼眶，还会被妻子调侃一番。元稹又把这事写成诗，寄去给白居易了：

远信入门先有泪，妻惊女哭问何如。

寻常不省曾如此，应是江州司马书。[2]

断绝了两年的通信一恢复，便一发不可收拾，白居易此时才知道，原来自己寄出的诗信并没有石沉大海，只是回音隔了几阵西风，如今才姗姗来迟。

白居易写过的"不知忆我因何事，昨夜三回梦见君"，回应是"我今因病魂颠倒，唯梦闲人不梦君"的名句；他曾写下的千字长诗，也同样得到了元稹唱和的一百韵。

元稹还给白居易寄了一身好衣服，随衣附赠的还有一首诗。白居易看着那首诗，几乎能看到元稹坐在桌前，灯火幽微，一边写诗一边想他收到自己寄的衣服一定很开心。

这件衣服的腰带想必不合适了，也不知等寄到之后，是否适合当时的天气。无论如何，我都能想象到你穿着这件衣服踏青游玩，会很好看。

——春草绿茸云色白，想君骑马好仪容。

元稹百日垂危、一病两年，白居易苦痛煎熬、拨云见日，大概是命运的悲苦已叫他们吃够了，于是二人的生活忽然出现了转机。

就在元稹回通州的第二年，跟白居易唱和了几十首诗之后，长安城里传来消息——李夷简拜相了。

当年元稹任监察御史的时候，李夷简任御史大夫，是元稹的顶头上司，元稹掀翻西南官场的

---

1. 出自白居易《答微之》。
2. 出自元稹《得乐天书》。

时候，李夷简在背后也出力不少，让他的奏折得以上达天听。如今李夷简拜相，白居易先替元稹兴奋起来。

——怜君不久在通川，知己新提造化权。[1]

元稹得书喟叹："尚书入用虽旬月，司马衔冤已十年。"[2]

从被贬江陵到如今，前后十年，他蹉跎了最好的年华，希望日后真的能被朋友捞起来。之后的几个月里，李夷简虽然没把元稹弄回京城，可元稹的处境确实好了很多。

元稹以通州司马的身份代理州刺史，全权处理州务，他终于又可以施展他的政治才华，带领通州百姓凿山开路，摆脱通州旧日的蛮荒与贫困，让通州也成为川蜀富饶的地区。

这年元稹三十九岁，他又一次见到了百姓在自己的努力下露出笑脸，还有百姓凑上来跟他攀谈："元刺史以前是不是来过西南啊，听说绵州那边好些人都给孩子起名一个元字，说是为了纪念一个大官。"

元稹恍惚起来："是吗？那都是什么人啊？"

百姓感慨："都是苦命人，先前被严家抢去卖了，好好的人变成了别家的奴婢，要不是有个青天大老爷走了一趟，那些人生生世世都是奴婢了。"

元稹眨了眨眼，鼻头有点发酸，他摇头对百姓道："不是什么大官，也不是什么青天老爷，我去的时候只是监察御史，没有刺史位高权重。"

百姓"嘿"了一声说："您给咱开山，您就是最大的官，您就是青天大老爷！"

元稹吐出一口气，他望着连绵不绝的群山，望着天边来去的白云和根本望不到的长安，忍不住放声大笑起来。这笑声豪迈雄阔，撞在大唐黯淡的江山上，如金铁交鸣、铮铮作响。不知何时这笑声又变成哭声，哭本该兼济天下的少年蹉跎边荒，本该倚天万里的长剑尘埋黄土，哭追不回的过往，哭见不到的知己，这哭声苍凉悲怆，久久不绝。

三十九岁了，元稹鬓间白发如雪；四十六岁的白居易，形容消瘦。

两人在元和十三年（公元818年）年末都得到了朝廷的新任命，元稹为虢州长史，白居易为忠州刺史，离开了天涯与地末，两人终于走上曾经年少时就走过的青云之路。

---

1. 出自白居易《闻李尚书拜相，因以长句寄贺微之》。
2. 出自元稹《酬乐天闻李尚书拜相以诗见贺》。

次年三月，又是春风起时，元稹收起这些年写过的上百篇诗稿，走马上任。

通州到虢州，最方便的便是水路，元稹从盛山郡坐船过三峡，到夷陵之时，一行人下船歇息。

那一日天色正好，万里无云，入夜之后月照大江，清风入怀，元稹自然就起了诗意，推门而出，踩着一地霜白去江边拥抱月色长风。

夷陵的月跟曾峰馆的月一样，元和十四年（公元819年）的月跟贞元十九年（公元803年）的月也并无不同。所以站在此月之下，元稹又岂能不想故人？

元稹想如果白居易这会儿也在就好了，自己可以把慈恩塔上那句话还给他，说"这么好的月色，我一人独享岂不可惜？"

正这般想着，元稹便依稀听到了白居易的声音："微之，微之，大好月色，你不能一人独享啊！"

元稹蓦然回首，身后灯火阑珊，白居易长发当风，如果不是灰白的头发和眼角的皱纹，元稹一度以为是在梦里。元稹错愕道："你怎么会在这里？"

白居易大笑道："走水路去忠州嘛，我也没想到能在这里撞见你，本来想随便对付一晚接着赶路的，驿馆的人一听是我，赶忙都来说元长史就在夷陵，此时正在江边赏月。"

元稹望了望天，又看看白居易，还是不敢置信："天底下，竟有这么巧的事？"

白居易捋须笑道："原本我也不信，可路上我就想通了，人生能得一知己，几十年风霜两心不改，本就是妙不可言的巧合。白二十二遇见你元九，便是侥天之幸。"

元稹也笑起来，朗朗月色之下，阔别四五年后，他终于再次见到白居易。两人并肩在江边漫步，从慈恩塔前的月色说到江州跟通州的夜晚。

元稹说："你知道吗？我病重的时候，全靠背你的诗，才让精神没那么萎靡，一直支撑到如今。后来见到你的诗，才知道你也担心我不在人世。"元稹叹道，"如果这世上没有你白乐天，恐怕元稹真的就死了。"

白居易颇有几分骄傲："你还小我七岁，怎么也得我先赴黄泉，才轮得到你来找我。"

元稹摇头道："那可不行，韦丛去后，我知道只有活着的那个才会忧思难断。我本就多病，回头你为我送葬，还是你留在人间受难吧。"

白居易笑着骂道："你都要平步青云的人了，怎么还这般丧气？"

元稹精神一振，又跟白居易谈起自己在通州的政绩，开山修路，以后通州的百姓便有了希望。

白居易喟然叹息："比起你来，我就差得多了，讽喻诗也不写了，平日除了修修水利、判点案子，也没有你这种功在千秋、福泽后世的大手笔了。"

元稹安慰白居易："毕竟这一年我是代刺史，你身为司马，能做这么多事，还兴办学校，一改江州学风，已是难能可贵。"

白居易拱拱手："那就多谢'元刺史'体谅了。"

元稹一把打掉他的手，白居易哈哈大笑，两人感觉又回到了"你在我心底最孤高，我在你眼里最逍遥"的时光。

故友相见，最怕怀念过往，特别是在元白两人这个年纪，过往的许多朋友已经去世了，那些岁月固然还能追忆，可追忆越多，惆怅也越多。人过中年，太惆怅忧怀，便容易滋生暮气。

三杯两盏淡酒过后，往事聊完，两个停在过往的老友便会无话可说，初见时的热情就会渐渐褪去，接着感情也随热情慢慢消散了。

好在元白相遇，从来不是只谈过往。

二人在月下谈诗，回驿馆谈时局朝政，他们指点江山的语气平平淡淡，已没有年少时那般激昂，可他们眼里的光芒仍旧夺目，他们谈笑之中还是把天下事当成分内事。报国安民的志向深埋在他们骨血之中，从来没有被淡忘过。

所以他们还能像在华阳观里时一样，对未来可能施展拳脚的岁月充满期待。元稹告诉白居易施政时要注意什么，白居易提醒元稹大唐律法里容易被小人钻的漏洞。

当夜谈兴比酒浓，元白二人谁也睡不着，干脆把床拼到一起，两人坐在床上一直聊。后半夜白居易说不行不行，赶了一天路要睡了，而元稹刚刚躺下，白居易又忽然问元稹那个策论是怎么写的，他去忠州应该能用得上。于是元稹接着又坐起来，跟白居易好好讲了一通。

讲完元稹道真得睡了，明天还要赶路呢。结果白居易刚刚躺下，元稹又忽然冒出一句："你那《琵琶行》写得真好啊，不过你以后真不写讽喻诗了？"

白居易在床上躺着，看窗外月色，轻轻一叹道："写了没用，不如不写，以后把写诗的功夫用在多判几个案子上，还能救几个蒙冤的百姓。"

元稹感叹太可惜了。

白居易没忍住冲元稹道："我不可惜，你才可惜，你是宰相之才，蹉跎十年，是大唐的损失。这次赴任虢州后，你一定能回朝，让那群庸庸碌碌之辈看看，什么是元微之的光芒！"

元稹沉默了片刻后笑道："好。"

那一夜二人也不知是什么时候睡过去的，反正第二天起来的时候，已经日上三竿了。白居易还要登船，元稹送他去渡口，站在岸边，白居易瞅着元稹，迟迟不想上船。

元稹说："你走啊，忠州百姓还等着你呢。"

白居易轻咳两声："要不，你再送送我？"

元稹失笑道："你憋了半日，总算说出口了是吧？"

白居易把头一昂，冲元稹道："那你送不送？"

元稹哈哈一笑当先迈步上了白居易的船，回头招呼他道："走啦，我送你去下牢关，到了我就回来。"

白居易的嘴角渐渐弯起来，他跟着元稹上船，边走边叹："你看看，你看看，你非要送，那我也没别的办法，只好把买来的美酒跟你一起分享了。"

舟行江水之中，元稹说是到了下牢关就回来，可走到下牢关天都黑了，那怎么不得再住一晚？这一晚两人倒是早早睡了，天亮时元稹真的要走了，临别的时候，两人执手相看泪眼，一句话都说不出来，还是同行的白居易的弟弟白行简连连叹息，说："要不再等会儿？"

元白二人纷纷点头，于是白行简就跟着二人牵引着船在江中来来回回。终于，白行简忍不了："两位兄长，今日不走了成吗？我实在拉不动船了。"

元白对视一眼还没说什么呢，白行简已经跳起来说："都别忙，我这就去买酒买饭，必定让两位兄长饮个痛快。"

望着白行简落荒而逃的背影，元白二人一齐大笑起来。

那天三个人饮至酣处，听到石间有泉声，便去山中游玩，割开乱草，用绳索架梯，总算爬上山去，见到了一个景色奇绝的山洞。

三个人都很振奋，元稹跟白居易如日常般题诗，白行简也一直陪着。每人各赋诗二十韵，题于洞壁，并将此洞命名为三游洞。[1] 就这样，元白二人同宿三夜，天明时终于到了无论如何都该分别的时候。

"黯然销魂者，唯别而已矣"，更何况这次分别时二人已各生白发，再见之日会是什么境遇，谁都说不准。

白居易又想起当年在长安送元稹去通州时，二人于蒲池村里好一场大醉啊，正是：

沣水店头春尽日，送君上马谪通川。

夷陵峡口明月夜，此处逢君是偶然。

一别五年方见面，相携三宿未回船。

坐从日暮唯长叹，语到天明竟未眠。

其实从蒲池村那场大醉开始算，二人也只分别了四五年的光景，可就是这四五年，二人老得格外厉害。白居易写诗道：

齿发蹉跎将五十，关河迢递过三千。

生涯共寄沧江上，乡国俱抛白日边。

往事渺茫都似梦，旧游流落半归泉……

君还秦地辞炎徼，我向忠州入瘴烟。

未死会应相见在，又知何地复何年。[2]

那些年的好光景犹在眼前，转瞬间我们已经年近五十，过了三千关河，故乡壮志皆远在天边，朋友也有不少再也见不到了，今时今日你我一别，再见又是何年何地呢？

又是一年春风将尽，夷陵峡口的三人纷纷沉默起来，你一句我一句，送别的诗总有写完的时候，酒席散后浮云流水，两只孤舟奔向各自的前方。

只有这三日的相逢，久久留在他们心中，元稹后来给白居易回诗道：

---

1. 据白居易《三游洞序》记载："请各赋古调诗二十韵，书于石壁。仍命予序而记之。又以吾三人始游，故目为三游洞。"
2. 出自白居易《十年三月三十日别微之于沣上，十四年三月十一日夜遇微之于峡中·停舟夷陵三宿而别，言不尽者以诗终之，因赋七言十七韵以赠，且欲记所遇之地与相见之时为他年会话张本也》。

唯有秋来两行泪，对君新赠远诗章。[1]

当然，元稹也给白行简写诗了。但他给白行简的诗吧，充满了哲思，教他超越自我，不要执着于妄心。

终须修到无修处，闻尽声闻始不闻。

莫著妄心销彼我，我心无我亦无君。[2]

——"我心无我亦无君"，白行简：好好好，那我走。

或许是老天见元白二人实在太惨，这次分别，并没有让他们离开彼此太久。就在这年冬天，唐宪宗把元稹重新召回了长安。这一年唐宪宗已渐觉精神不济、大限将至，他也知道太子向来欣赏元稹，干脆为太子铺了路。第二年，唐穆宗继位，重用元稹，命他为知制诰，负责起草诏书[3]。

皇帝是年轻人，喜欢元稹的诗，也喜欢元稹的策论，常常召见元稹，跟他一谈就是几个时辰。几个月后，夏日方长之时，皇帝把白居易也召回来了，任尚书司门员外郎，元白二人又可以在长安共事了。

能在长安城里同见元白二人，千百年后回忆，未必不是大唐的一桩幸事。

---

1. 出自元稹《酬乐天叹损伤见寄》。
2. 出自元稹《酬知退》。
3. 据《旧唐书·列传·卷一百一十六》记载："即日转祠部郎中、知制诰。"

CHAPTER EIGHT

第八章

帝宫潜咏

房昊·文

万人惊

回长安的时候，西风已渐渐吹起了，白居易历经江边的风雨，路过李白的墓碑，抵达长安。

白居易回家刚放下东西，安置好家人，就匆匆跑去元稹祖宅了。这会儿元稹的祖宅已经被修缮一新，庭院里没种白居易当年熟悉的大树，换成了几丛菊花，隔窗望去雅致非常，白居易都能想到元稹坐在窗前写策论、赋诗时的悠哉心境。

而白居易再见到的元稹也已不是夷陵三夜时的模样了，隔着千山万水与世事蹉跎，白居易的目光又一次与元稹意气风发的眼神相撞。

元稹身着红袍，谈笑自若，是身边熙熙攘攘文士们的中心。

可见到白居易，元稹就止住了正在谈论的话头，他伸开双臂扬声道："乐天，随我一道去赏月否？"

白居易笑着旁若无人地抱上去，扑散了月光，他重重拍了拍元稹的背，声音哽咽道："你早该有这一天，你早该有这一天的，它迟到了十年，十年哪！"

元稹轻拍白居易的背低声道："没关系的，都过去了，过去了。"

白居易深吸口气跟元稹分开，上下打量一番元稹，大声道："说得不错！都过去了，今夜还是元学士请客，不醉不归！"

元稹同样大声回道："不错，不醉不归！"

那几天里，元白二人又聚在一起，连长安城似乎都因他二人的重逢变得热闹了许多。

来恭贺元稹的人已经恭贺完了，现在又有一群人去拜访白居易。两人在一起喝酒，元稹便笑吟吟地看着白居易问他感觉如何。

白居易摇头，摆起姿态来："哎呀，我都不知道他们庆贺什么，之前我好歹是一州刺史，着红袍的，多气派，多好看！现在一回京，五品变六品，我又成青衫客了。我三岁的小女儿在我身上爬来爬去，哭着要找我当五品刺史时挂在腰间的小银鱼，我都六品了，哪有小银鱼啊？"

元稹忍俊不禁，呸了一口："那你走，你赶紧回你的忠州，当你的刺史去。"

白居易哈哈大笑："那不成，长安有微之，我便是当个六品官，也不能弃微之而去啊。"

白居易的性子比起元稹更随和一点，元稹虽然小了白居易七岁，但大抵是年少贫寒的缘故，

143

反而比白居易稳重得多。只有在面对白居易时,元稹才格外容易写些出格之语。

比如白居易回到京城,终于买了房子,自然呼朋唤友,一群人去他的新宅里饮酒。

别人白居易不怎么管,就盯着元稹劝了一杯又一杯,元稹醉眼蒙眬,指着白居易的手指上下晃动,说:"白乐天啊白乐天,今日我是非醉不可了?"

白居易坦然道:"那是自然,今朝有酒今朝醉。"

元稹环顾左右,失笑作诗道:"那你看看,美人醉灯下,左右流横波。王孙醉床上,颠倒眠绮罗。君今劝我醉,劝醉意如何?"

白居易洒然大笑说:"君醉我亦醉,同心亦同乐。"

那天元白一场大醉,欢饮达旦,久违的快乐又回到他们心间。

此后几个月里,白居易也成功穿上红袍,跟元稹一样任知制诰,只是元稹有圣眷,升官飞快,没过几个月就是中书舍人了。[1]

当有拟旨的工作时,两人还是一同跟着皇帝出行,也一起住在南郊斋宫,白居易写诗打趣元稹:

我朱君紫绶,犹未得差肩。[2]

元稹淡淡一笑,对白居易的打趣毫不在乎,当天仍跟他一起写诗。

那是长庆元年(公元821年)的正月,夜深人静,斋宫只有元稹跟白居易这对话怎么说也说不完的朋友还醒着,从白居易写诗打趣元稹开始,大晚上的,诗意忽然在二人之间迸发。

二人你一句我一句,意气风发之时,声音也越来越高。三五篇过后,又是十三五篇,吟咏之声不绝于耳,先是随驾的两掖诸公被吵醒了。十三五篇吟后还没完,于是翰林学士们也被惊醒了,跟着两掖诸公跑到元白的房间外去听。到最后,二人的声音似乎要随澎湃的诗意去向天际,互吟数十篇,把全部吏卒都吸引来看。

直到东方既白,二人扬声大笑,从房里并肩走出,才愕然发现门外全是人,齐刷刷地看着他俩,

---

1. 据《旧唐书·列传·卷一百一十六》记载:"其年冬,召还京师,拜司门员外郎。明年,转主客郎中、知制诰,加朝散大夫,始著绯。时元稹亦征还为尚书郎、知制诰,同在纶阁。"
2. 出自白居易《初著绯戏赠元九》。

宛如在看什么诗魔、诗鬼。

元白晚年的名场面，给当年的长安众人留下了深刻的印象，以后每有新科进士标榜自己会写诗、能写诗，都会有人嗤之以鼻。

能写诗？你见过长庆元年，斋宫元白二人的万人吟诗会吗？从三更半夜吟到天明，一人写了几十首，乐府歌行、五绝七律，好诗在他们二人手里好像是隔壁卖的白菜，随随便便就能拎出好几斤。

那两年的长安城，就是元白二人的舞台。

他们又回到了当年无论一人走到哪里，另一人都处处相随的日子，元稹改革制诏文字，白居易写文大力倡导古文之高格，乃至影响了韩愈的古文运动。

白居易和元稹的好友李杓直——便是元稹梦到跟白居易游曲池时，白居易身边的那位朋友——年五十八，在长安无疾而终。

元稹为他写墓志铭，白居易为他做墓碑。

元白二人望着又一个老友辞世，不禁唏嘘起来，回城的路上他们也曾相约过，待整顿乾坤事了，便携手归隐青山。

后来元稹升为翰林学士，被赐紫金鱼袋，为了回报君恩，元稹毅然揭开科举舞弊大案。

那年所录取的进士皆是权贵子弟，这些权贵子弟久在长安，知道他们不学无术、脑袋空空的大有人在，可偏偏少有人提，声音这么少，眼看着就要被人压下去。

元稹又一次站出来，掷地有声地宣称要严查科举舞弊案。这案子再好查不过，只要再试一场，看看这群学子的本事究竟如何，真相自然大白。

可谁去主持复试呢？这么多权贵子弟，让他们过了复试，那便是欺君；但若据实才黜落，日后庙堂上明枪暗箭，都会雨点般朝他飞来，谁敢接下这个差事？

元稹的目光落下去，白居易的笑意绽出来。白居易对唐穆宗说道："臣愿重试举子，还天下读书人一个朗朗乾坤！"[1]

元白二人携手便是大唐最锋利的刀剑，这刀剑刺破了日渐被世家门阀垄断的大唐科举，为

---

1. 据《旧唐书·穆宗本纪》记载："敕今年钱徽下进士及第郑朗等一十四人，宜令中书舍人王起、主客郎中知制诰白居易等重试以闻。"

寒门书生短暂地撕开了一片天幕。

那年及第的十四名权贵子弟，被罢黜了十一人，数名考官纷纷遭贬。

元稹跟白居易在家里对饮，目中尽是燃起的熊熊烈火。

这些年，白居易的《百道判》已经成了当时读书人的法考必备书，读他的书成功高中的少年，渐渐成长为刑部或大理寺的官员。

那年有个秀才叫姚文秀，殴打妻子致其死亡，可此人精通律法，堂而皇之去官府自首，说自己乃是无意之间跟妻子互殴致死。斗殴失手杀人，本就不是大罪，丈夫打死妻子，还会再减罪。姚文秀已经算过了，最好的情况就是自己交点罚金了事。[1]

没想到案子上报到京城，大理寺的官员崔元式看了眉头紧皱说："这为什么不判故意杀人？"

刑部和大理寺的大人们说："因为之前都是这么判的，你硬要改判，就是找麻烦，不仅这个案子麻烦，你自己也会很麻烦。"

崔元式沉默了几天，还是决定写下判文，定性为故意杀人。

此时，刚刚担任中书舍人的白居易仿佛在崔元式身上看到了曾经的自己，他捋着胡子摇头叹息，忍不了，真的忍不了。

白居易站了出来，为崔元式，也为枉死的妇人发声。

白居易对律法的解释更精准，更一针见血，他洋洋洒洒挥就一篇奏状，元稹帮他把奏状递到了皇帝面前。

白居易指出斗殴、误杀和故意杀人的主要差别，法理有据，以证明姚文秀是故意杀人无疑。

大理寺和刑部的官员被白居易驳得哑口无言，只能用以前的判例说事。

白居易半点情面不留，一身凛然正气，对刑部和大理寺的官员道："原本的案子已经判错了，难道以后还要将错就错下去吗？"

"从前没有可参考的判例，自今日起，便有了！"

最终大理寺判定，姚文秀死刑。

这桩案子结束之后，白居易和元稹请崔元式喝酒，二人看着崔元式说："大唐有你们这样的年轻人，终究是有希望的。"

---

1. 出自白居易《论姚文秀打杀妻状》。

崔元式连说不敢,他对二人恳切道:"大唐有元白二人,才是大唐的希望。"

只可惜这样的好日子,终究会有尽头。

唯应鲍叔犹怜我

房昊·文

第九章

CHAPTER NINE

"大道如青天，我独不得出"[1]，长庆二年（公元822年）的元稹，忽然发现人到高位，处处身不由己。

元稹坐在庭院里，抬头望着寒星高悬，也知道自己一路走来，仅仅两年时间便跻身中枢，靠的是圣人隆恩。

可圣人隆恩，也是要走程序的。要想把元稹迅速提拔成知制诰、翰林学士，一般都得由宰相推荐，朝廷复核，皇帝再下令任用。

元稹没走这个程序，他去宫里跟皇帝聊了几次，几个月内便飞速升官，还办了科举舞弊大案，风头一时无两。

木秀于林，风必摧之，更何况元稹这棵巨木本就有明显的裂隙。

那几次元稹入宫，到底是跟谁见了面，到底又跟皇帝说了什么？真的会有人圣眷这么深，还是说其实元稹入宫，是结交了宦官势力，才能维持圣眷不衰？庙堂之中多有流言，称元稹是幸进之臣，常与宦官太监为伍，听起来可太顺理成章了。

偏偏元稹还不能辩驳，皇帝信重他，他回头就把宫里的事情说出来为自己辩驳，那皇帝岂不是白信任他了？更何况他在宫中也确实跟太监打过交道，他也不再是当年的愣头青，大家彼此间客客气气的，谈不上结交，也没利益交换，可也不能说全无干系。

元稹只能沉默。大多数情况下，沉默就是默认，更何况三人成虎，很快朝野上下都认为元稹结交宦官。

白居易天天过来为元稹鸣不平，说："那群人有眼无珠，微之你放心，我回头就写诗骂他们。"

元稹摇头道："没关系，别骂了，趁能做事，多做些事就好。"

白居易心底一颤，他望着元稹，沉声道："不至于此吧？"

元稹低头笑道："盛衰无常，这谁能说得准呢？"

长庆二年（公元822年），元稹拜相，还没等他整顿吏治，角落里觊觎宰相之位的人就开始动手了。

那年天下不太平，北边的藩镇作乱，曾经主持平定过淮西叛乱的名臣裴度再次领兵出击。

---

1. 出自李白《行路难·其二》。

时人以为，当裴度平乱立功而回后，必定再度拜相。

当然，不想让裴度拜相的人有很多，看不惯元稹的人也不少。这二人一个有功，一个有圣眷，要动他们，只能让他们互相攻讦。

这个计划被一个叫李逢吉的政治高手操盘，完美地实现了。面对北方的叛乱，元稹提出可采用离间计，只要能离间几个匪首便能事半功倍，于是向北方派出秘谍。长安的阴暗处，李逢吉正缓缓磨墨，字字斟酌，告诉裴度，元稹派去的人，其实是去刺杀他的。[1]

裴度曾经遭遇过刺杀，那年被藩镇当街刺死的宰相，正是一路提携他的武元衡，所以他最看不得此事。更何况，众人都说元稹结交宦官，而宦官几次三番阻止自己的军报奏章，裴度很难相信其中没有元稹的手笔。至于元稹会不会为了相位真的不顾大局来刺杀自己，裴度还在怀疑。

而李逢吉直接在朝中状告元稹意图行刺。这个案子查无实据，当然不了了之。只是李逢吉退回暗处，已经笑了起来，裴度与元稹的矛盾已经公开，那朝中就该有人站队了。

人在朝堂，都是被局势推着走的。

裴度上表，希望严惩阻碍言路的宦官，话里话外，都在说阻碍言路的其实就有元稹。元稹也开始上表，说裴度师久无功，空耗钱粮，是该让他回朝了。几番折腾之下，元稹被责，裴度无功而返，北方的局势一片混乱。

白居易去找过元稹，元稹的相府恢宏阔气，白居易面对着几十年的老友，叹息说："何至于此啊！"

元稹端着酒杯说："大军常年远征，军粮供应不足，裴度既然不能速战速决，班师是应有之义。"

白居易皱起眉："那也不必向叛军求和啊。叛军杀了朝廷官员，还杀了投靠朝廷的节度使，此例一开，无辜者枉死，尸骨无存，将来再也不会有藩镇改邪归正了。"

元稹放下酒杯，"咚"的一声闷响。白居易的话戛然而止，他抬头看着元稹，相府一时间只能听到蝉鸣。

须臾，元稹才开口："乐天不居其位，故能畅所欲言。再打下去，国库空虚，倘若前军再败，

---

1. 据《旧唐书·列传·卷一百一十六》记载："有李赏者，知于方之谋，以稹与裴度有隙，乃告度云：'于方为稹所使，欲结客王昭等刺度。'"

你考虑过后果吗？"

白居易站起来，凝望元稹，半晌才说："你还记得当初你我想恢复的那个大唐吗？"

元稹也站起来道："大唐早不是那个大唐了。"

二人对视，蝉鸣高柳，黄昏晚霞，斜照残酒。

元稹深吸口气，望着白居易说："裴度淮西平叛，确是当世大功，但前些年的科举舞弊案你也知道，主持科考的正是他的人，他儿子也在被罢黜的举子之中。"元稹定定望着他："我本以为，就是没人支持我，你也该支持我的。"

白居易更加心痛："微之，我自然知道你是清白的，可你想过没有，为什么裴度会觉得你结交宦官，为何会觉得你阻碍言路？之前你我也曾跟裴度相知，他如果会为了儿子科考而置天下大事于不顾，他也不会有淮西大捷。"

元稹沉默了片刻，又道："所以呢，为什么？"

白居易指着门外道："你说主持科考的人录了他的儿子，就必定是他的人；他看你从宫里出来升迁极快，就必定是宦官的人。你以党争眼光看裴度，他何尝不是以派系眼光看你？庙堂之上，派系如此分明，一旦有心人从中挑拨，群臣不明真相，国之大事就都误在这里了！"

元稹看着痛心疾首的白居易，看着白居易被风吹起的白发，他忽然心里一叹，平静下来说："乐天，那我还能做什么呢？"

白居易被元稹一句话噎住，他胸膛里空空荡荡的，心脏像是被大手攥住。是啊，微之还能做什么呢？无论是不是有心人从中挑拨，先中计的是裴度。

裴度有大功、居功自傲，有点看不上元稹是有心人早就猜到的，那元稹能如何呢？引颈受戮，等着裴度纠集党羽，把他弹劾到贬官吗？

除此之外，自然就是上奏反抗。

白居易闭上双眼，两行老泪横流，他再次重复进门时的那句话："何至于此，何至于此啊！"

这天黄昏，二人对坐堂前，你一杯我一杯喝着酒，酒喝光了，苍茫月色照在两道落寞的影子上。白居易放下酒杯，洒泪离去。元稹望着白居易的背影，直到他消失在自己的视野里。他仍旧伫立在庭前，看向幽深的长安之夜，看向无边无际的长安城。

这座城似乎是活的，是个择人而噬的巨兽，顺着他的目光，把他也给吞了。元稹叹了口气，忽然对这个世界意兴阑珊。

几日后，元稹与裴度先后被贬，元稹被贬为同州刺史，裴度被罢了相位。论资排辈，李逢吉即将成为新的大唐宰相。白居易跟李绅等人先后进言，才把裴度留住，没让李逢吉的阴谋全部得逞。

只是裴度留任之后，白居易望着空荡荡的长安城，百无聊赖。这座城里有他与元稹的很多美好回忆，可如今到处都在传元稹是小人、勾结宦官之类的流言。宫中到底发生过什么，元稹仅告知过他只言片语，白居易想为元稹辩驳却无从开口，终于意识到元稹当日的处境。

——天子在上，你什么都说不得。漏出半句，都是你辜负圣恩。

白居易有点后悔，那天不该去找元稹。天下事糜烂至此，藩镇、宦官总是难除，那些身不由己的风波，谁又能躲过呢？元稹说得对，即便没人支持他，自己也该支持他。

白居易上书一封，请求外任。[1]

皇帝很讶异，他派人给白居易传话，说乐天不如暂留，朕还有重任相托。

白居易笑了笑，冲传话太监道："替白某谢过陛下，白某年老体衰，不胜重任了。"

之后几日里，白居易又连上两道奏折，皇帝见他铁了心想走，便也不再强留，放他出京任杭州刺史。这个消息传到同州，元稹一刹那就明白了白居易的感受——是因我而生的失落失望，是因我而起的自我放逐。元稹又一次潸然泪下。

元稹挥毫写下两首《寄乐天》，寄给在他百口莫辩、举世非议的时刻，寄给唯一一个愿意与他一并被放逐的朋友。

荣辱升沉影与身，世情谁是旧雷陈。

唯应鲍叔犹怜我，自保曾参不杀人。[2]

当天下人人疑我时，还能有谁生死不改？只有鲍叔牙那样理解我的知己或许还会怜惜我。我不是大唐的管仲，却能碰到我的鲍叔牙，乐天，我何其幸哉？

---

1. 据《旧唐书·列传·卷一百一十六》记载："居易累上疏论其事，天子不能用，乃求外任。"
2. 出自元稹《寄乐天二首·其一》。

夏末秋凉的风从西湖上吹过，白居易在湖边伸手接住这缕风。他笑了笑，抬头望着湖上波光、远处人烟，放手任西风吹落梧桐树叶。

当行的道我已经行过了，当打的仗我也已经打完了，固然我没打赢这个世道，可至少我没跟这个世道同流合污。如今，我要去寻我的花月了。向来更洒脱、更自在的白居易从此一念放下，万般逍遥。

当然逍遥归逍遥，修水利、建堤蓄水，让百姓从此不因西湖淤塞而受干旱之苦，并把俸禄放在府库里充作后人治理杭州的经费等举措，都足以证明白居易的刺史当得十分称职，足以造福一方百姓。

只是比起孤直的元稹，白居易还是闲散了些。

起起落落这么多年，元稹对政坛也已经看开了。唐穆宗把他从边荒之地调回，一路升迁直至宰相，即便没替他分辩，在元稹心里仍旧是君恩浩荡。

元稹欲上报君恩，在同州大刀阔斧革除弊端。他经过详细的调查了解州情后，对田地动手了。

同州已三十六年未检田，元稹一来此便向朝廷上了封折子，名为《同州奏均田状》，实为均田平赋法。他重新检查田亩，根据田地好坏调整赋税比例，良田多的交税多，田亩贫瘠的交税少。如此一来，上交给朝廷的赋税总量不变，百姓的负担却少了许多。

占田多的都是豪强，错综复杂的关系能一路追溯到世家门阀里去，想动田地，那就会有人跟你拼命。

元稹笑了，再拼命，你们能有节度使跋扈吗？曾经的严家我都不怕，真以为年纪大了的元微之就会和光同尘？

皇帝还愿意给元稹撑腰，元稹因此义无反顾、雷厉风行，当地豪强什么水花都没能翻起来。

第二年，遭遇了旱灾，元稹采取急吏缓民的策略，宁愿得罪乡绅，也要保百姓有一口饭吃，没想到这一做法反而使府库充实了许多。

这年结束之后，同州岁收千万，百姓安然度过灾年，死伤者比往年少了大半。所以当朝廷任元稹为浙东观察使，让其移官越州的时候，同州百姓拦道痛哭，不想让元稹离开。元稹无奈，轻骑简从离开同州前往越州。

远在杭州的白居易闻讯大喜，杭州跟越州挨着，且不说从此两人就能做邻居，元稹走马上任总要经过杭州，来自己这里坐坐吧。

　　长庆三年（公元823年）十月，元稹果然就到了杭州。

　　白居易早早派人在交通要道跟码头渡口等着了，元稹刚一上岸，就听到了远处传来熟悉的呼声："微之微之！"

　　元稹抬头，那边白居易尘土满面，这边他鬓发如霜。岁月如洪流般浩荡而过，它带走了很多东西，曾经憧憬的未来并没有如约而至。

　　三十年间大唐风流云变，三十年间世事催老少年。

　　那天，元稹被白居易拉着回家赴宴，元稹对上白居易那双眼，仿佛能从其中看到自己的青年时代，看到自己的颠沛流离，也能看到自己如今的鬓发苍苍。

　　席上元稹写诗曰：

　　垂老相逢渐难别，白头期限各无多。[1]

　　白居易也被这句诗刺进心里，他吐出口气，万语千言如鲠在喉。他只有写诗：

　　富贵无人劝君酒，今宵为我尽杯中。[2]

　　还是饮酒吧，把所有一言难尽的事一饮而尽。

　　元稹拉着白居易说最近听闻皇帝病了，病得还很严重，还说："今天写这诗实在是见你我满头白发不忍相看，死生亦大矣，岂能不伤怀？"

　　白居易笑道："你在同州又动兵又查地，那会儿不怕死了？"

　　元稹说："那不一样，道之所在义无反顾，没有这些东西，生死突兀地放在你面前，该怕还是怕的。"

　　白居易深以为然："所以趁还活着，还有精神，多看看天地春秋吧。"

　　或许是白居易的安慰有用，也或许是只要白居易在，元稹的状态就会好很多，他们在杭州连宴三日，席间有歌女玲珑能唱诗，白居易当场就想请玲珑唱两首元稹的诗。

　　元稹已喝得醉意醺然，连连摆手，脱口成诗道：

---

1. 出自元稹《赠乐天》。
2. 出自白居易《席上答微之》。

休遣玲珑唱我诗，我诗多是别君词。

明朝又向江头别，月落潮平是去时。[1]

白居易不甘示弱，回头就答诗：

阁中同直前春事，船里相逢昨日情。

分袂二年劳梦寐，并床三宿话平生。

紫微北畔辞宫阙，沧海西头对郡城。

聚散穷通何足道，醉来一曲放歌行。[2]

前年春天，你我还同朝为官；昨日船中，便于杭州相逢。这两年你辛苦啦，总是跑到我梦里来，还要在你的梦里迎接我，如今同榻三夜聊慰平生。我们离开京城的官阙，到这遥远的郡城。那些聚散穷通都暂且忘了吧，今日只须饮酒放歌。

元稹从善如流。

直至元稹从钱塘江离开，都到西陵驿了，还忍不住回首眺望：

晚日未抛诗笔砚，夕阳空望郡楼台。

与君后会知何日，不似潮头暮却回。[3]

要是你我跟潮水一般，早晨去后，黄昏便回，那该有多好啊。

这边元稹在回首，那边白居易也没走。他在钱塘江畔怅望良久，好不容易被劝回家里，却怎么都睡不着，一闭眼就是越州景象。

烛下尊前一分手，舟中岸上两回头。

归来虚白堂中梦，合眼先应到越州。[4]

二人的相会虽然已经结束了，可毕竟是邻州，又非蛮荒之地，江浙沪交通发达得很。那互相唱和，来回寄诗，岂能少得了？

这边白居易思念元稹了，就写：

---

1. 出自元稹《重赠》。
2. 出自白居易《答微之咏怀见寄》。
3. 出自元稹《别后西陵晚眺》。
4. 出自白居易《答微之上船后留别》。

把君诗卷灯前读，诗尽灯残天未明。[1]

那边元稹到了越州，见宅子特好，就写诗向白居易夸耀：

我是玉皇香案吏，谪居犹得住蓬莱。[2]

元稹在越州还是雷厉风行，对越州的田地也推行了均定税籍政策，缓解了百姓的负担。只是这时候长安传来噩耗，那位极其赏识元稹的穆宗皇帝病逝了。元稹迎风垂泪，向着宫阙的方向拜了几拜。

均定税籍之后，越州政务少了许多。元稹明白，既然穆宗皇帝逝世，那恐怕自己也再没有了起复之时。人到暮年，元稹想为后世留下点什么。

原本元稹想留一个他亲手打造的大唐盛世，后来才发现那确实是年少轻狂了，如今能把这些年来的诗文整编成书，也算没有白活一场。元稹刚把自己的诗文编成《元氏长庆集》，一股悲哀就涌上心头。

朋友之间也不怕扎心，元稹干脆寄信给白居易，说他已经把旧稿都整理完了，可弄完了才发现：

天遣两家无嗣子，欲将文集与它谁？[3]

白居易在杭州好好的，想开之后吃嘛嘛香，身体倍儿棒，就是收到元稹的诗，情绪波动得厉害。白居易揉了揉眉心，那还能怎么办，总要安慰：

满帙填箱唱和诗，少年为戏老成悲。

声声丽曲敲寒玉，句句妍辞缀色丝。

吟玩独当明月夜，伤嗟同是白头时。

由来才命相磨折，天遣无儿欲怨谁。[4]

就你我的才华，没有引来天妒，没有英年早逝，已经不容易了，自古以来才华和命运常相互折磨，上天不赐子嗣又能埋怨谁呢？

又是一年春日到，白居易把诗寄回给元稹，出门美滋滋地踏青去了。在写下那首著名的《钱

---

1. 出自白居易《舟中读元九诗》。
2. 出自元稹《以州宅夸于乐天》。
3. 出自元稹《郡务稍简因得整比旧诗并连缀焚削封章繁委篋笥仅逾百轴偶成自叹因寄乐天》。
4. 出自白居易《酬微之》。

塘湖春行》前后几日里,白居易还写了《早春忆微之》《早春西湖闲游怅然兴怀忆与微之同赏因思在越官重事殷镜湖之游或恐来暇偶成十八韵寄微之》等。整个春天,白居易都在给元稹写诗。

然而这种当邻居的日子并没有持续太久,白居易杭州任满,转任苏州刺史了。

白居易跟元稹的待遇差不多,也有州民拦路而哭,送他不少好酒好饭,白居易有点羞愧,写诗别州民——

税重多贫户,农饥足旱田。唯留一湖水,与汝救凶年。[1]

没有什么功绩,只有西湖蓄水,能勉强对得起你们。只是这年头,一州刺史不劳民伤财,不鱼肉百姓,还能执法公道,已经是难得的好官了。更别提白居易在杭州屡兴教化、促正学风,连白居易离开郡斋时,自我谦虚的诗里都写:

吟山歌水嘲风月,便是三年官满时。

……

更无一事移风俗,唯化州民解咏诗。[2]

这两首诗传到元稹那里,元稹先是一惊,心中不禁感叹:怎么好邻居忽然就走了啊!接着他提笔就和了回去,一首《代杭民答乐天》,一首《代郡斋神答乐天》,高度赞扬了白居易使杭州城面貌焕然一新的政绩。

这两首诗和完,白居易已经到渡口了,站在水边,写诗寄给元稹:

凭仗江波寄一辞,不须惆怅报微之。

犹胜往岁峡中别,滟滪堆边招手时。[3]

这次他走得非常潇洒,还提起之前夷陵相遇的三天三夜,那时候分别,是真伤感。

元稹嗔了,于是回道:

却报君侯听苦辞,老头抛我欲何之?

武牢关外虽分手,不似如今衰白时。[4]

---

1. 出自白居易《别州民》。
2. 出自白居易《留题郡斋》。
3. 出自白居易《重寄别微之》。
4. 出自元稹《酬乐天重寄别》。

那会儿我们分别,还没现在这般老呢,你抛弃我准备跑哪儿去啊?

元稹不管,又给白居易寄了封信,说你要走就走,把你的诗留下,我给你编纂成书。白居易乖乖听话,把自己这些年的诗文都交给了元稹。

几个月里元稹把眼都看花了,不仅编出了《白氏长庆集》,还发现里边有好多首诗自己没见过。那些诗看得元稹心痒难耐,还提笔追和了几十首。

元稹又想起当年跟白居易在城南游玩,一人一首新艳小律,李绅都没空插嘴。后来去斋宫当值,又连夜吟咏,惊起众人。

元稹随手又题了一首:

春野醉吟十里程,斋宫潜咏万人惊。

今宵不寐到明读,风雨晓闻开锁声。[1]

关于白居易的诗集,元稹很正经地写了序,他寄去让白居易也写点东西,白居易越老心态越有趣,反而写诗打趣起元稹来——《编集拙诗成一十五卷因题卷末戏赠元九李二十》。

一篇长恨有风情,十首秦吟近正声。

每被老元偷格律,苦教短李伏歌行。

世间富贵应无分,身后文章合有名。

莫怪气粗言语大,新排十五卷诗成。

元稹气笑了,白乐天你给我翻译翻译,什么叫偷格律,不是你亲自一句一句教我的吗?

白居易写完这诗仿佛就能看到元稹的反应,落笔大笑。

而远在越州的元稹已经开始新的工作了。吟诗的事情元稹没忘,那本未成形的《元白往还集》他自然也还记得。如今元稹手头有了《元氏长庆集》跟《白氏长庆集》,自然就集齐了素材。元稹追和五十七首新诗后,编成《元白酬唱集》正式问世。

望着天下读书人疯抢的三本书,元稹也不由开怀,他脑海中又闪过自己刚开始整编诗集时给白居易的诗。元稹淡淡一笑,把书寄给白居易前又在卷末题字道:"更拣好者寄来!"

---

1. 出自元稹《为乐天自勘诗集因思顷年城南醉归马上递唱艳曲十余里不绝,长庆初俱以制诰侍宿南郊斋宫,夜后偶吟数十篇,两掖诸公洎翰林学士三十余人惊起就听逮至卒更莫不众观群公,直至侍从行礼之时不复聚寐予与乐天吟哦竟亦不绝。因书于乐天卷后越中冬夜风雨不觉将晓诸门互启关锁即事成篇》。

言下之意，元稹还要再和、再写，把《元白酬唱集》出成系列诗集。

白居易来了兴致，送去了诗，元稹就又推出了《因继集》作为《元白酬唱集》的第二部，卷末还是那句："更拣好者寄来！"

白居易笑得烂漫，几天的工夫就搜罗了近期写的五十首好诗，不够就临时再写几篇，附在信里寄给元稹。那信也好玩，白居易说："微之微之，走与足下和答之多，从古未有。足下虽少我六七年，然俱已白头矣，竟不能舍章句，抛笔砚，何癖习如此之甚欤？"

总之，"然此一战后，师亦老矣，宜橐弓匣刃，彼此与心休息乎？"[1]

后来这封信，就成了《因继集》第三卷的序。《元白酬唱集》唱彻江湖，大唐上下无人不知，无人不晓。元白人在江南，一唱一和，尽得逍遥。

---

1. 出自白居易《因继集重序》。

WINTER

冬

膏销雪尽、意还生

第四卷

VOLUME 4

维太和五年岁次己亥十月乙丑朔十七日辛巳，中大夫守河南尹上柱国晋阳县开国男食邑三百户赐紫金鱼袋白居易，以清酌庶羞之奠，敬祭于故相国鄂岳节度使赠尚书右仆射元相微之……

贞元季年，始定交分，行止通塞，靡所不同，金石胶漆，未足为喻，死生契阔者三十载，歌诗唱和者九百章，播于人间，今不复叙。至于爵禄患难之际，瘝瘵忧思之间，誓心同归，交感非一，布在文翰，今不重云。唯近者公拜左丞，自越过洛，醉别愁泪，投我二诗云："君应怪我留连久，我欲与君辞别难。白头徒侣渐稀少，明日恐君无此欢。"

又曰："自识君来三度别，这回白尽老髭须。恋君不去君须会，知得后回相见无。"吟罢涕零，执手而去。私揣其故，中心惕然。及公捐馆于鄂，悲讣忽至，一恸之后，万感交怀，覆视前篇，词意若此，得非魂兆先知之乎？无以寄悲情，作哀词二首，今载于是，以附奠文。

其一云："八月凉风吹白幕，寝门廊下哭微之。妻孥亲友来相吊，唯道皇天无所知。"其二云："文章卓荦生无敌，风骨精灵殁有神。哭送咸阳北原上，可能随例作埃尘。"呜呼微之！始以诗交，终以诗诀，弦笔两绝，其今日乎？呜呼微之！三界之间，谁不生死，四海之内，谁无交朋？然以我尔之身，为终天之别，既往者已矣，未死者如何？呜呼微之！六十衰翁，灰心血泪，引酒再奠，抚棺一呼。

《佛经》云："凡有业结，无非因集。"与公缘会，岂是偶然？多生以来，几离几合，既有今别，宁无后期？公虽不归，我应继往，安有形去而影在，皮亡而毛存者乎？呜呼微之！言尽于此。尚飨。[1]

---

1. 出自白居易《祭微之文》。

第十章 君埋泉下泥销骨

房吴·文

CHAPTER TEN

唐文宗大和元年（公元827年），从苏州刺史任上因眼疾退下来的白居易，又一次被征召入京。

这次回京，长安城已经不需要他做什么了，无论是身披紫色朝服的三品秘书监，还是后来转任的刑部侍郎，白居易起到的作用大抵是文学与法学上的顾问，以及闻名天下的"吉祥物"，让天下读书人知道朝廷还是尊重名士的。

白居易乐得如此，俸禄又高又能提携后辈，反正他不参与党争，也没人不开眼非要攻讦他。

人在京城跟人在苏州，对白居易而言似乎没什么区别，还是跟以前一样，给元稹写写诗，跟朋友四处转转，看看当年的花如今还在否。

庙堂里传来消息，要元稹兼领刑部尚书，兼领的意思是元稹人在浙东，并不能回京。白居易写诗感慨：

我为宪部入南宫，君作尚书镇浙东。

老去一时成白首，别来七度换春风。

簪缨假合虚名在，筋力销磨实事空。

远地官高亲故少，些些谈笑与谁同。[1]

大抵是长安城里没有元稹，白居易老病无聊、眼疾复发，他辞去刑部侍郎一职，转为太子宾客。

得知此讯的元稹颇为担忧，信纸如雪花片片飞来，几次邀请白居易去越州，跟老友相聚，趁精神好些，病都会痊愈得更快。白居易回了一首五十韵长诗，诗名特直白——《想东游》。

只是白居易病还没好，去越州还是太远了，白居易顺便跟元稹说，我在你故乡洛阳养病，已经买了宅子，以前我不是还写过——

待君女嫁后，及我官满时。

稍无骨肉累，粗有渔樵资。

岁晚青山路，白首期同归。[2]

——如今已然白首，当与君同归了。奈何白居易没能等到那天。

不久之后，唐文宗召元稹进京任尚书左丞，参与执政。

大和三年（公元829年）九月，元稹从越州回京，路过洛阳城，欣然去见他的老友白居易。

---

1. 出自白居易《微之就拜尚书居易续除刑部因书贺意兼咏离怀》。
2. 出自白居易《昔与微之在朝日同蓄休退之心迨今十年沦落老人追寻前约且结后期》。

那时他们满头白发，连胡须都白了，再回忆起少年初遇，感觉遥远得像是上辈子的事。

前几次未曾提起的话，这次也容易说出口了。元稹笑着说："当日曲江宴上见到你，我恍惚以为见到了云间风月。"

白居易也笑道："我现在的眼神不好了，我第一次见你的时候，只觉你是玉山孤松，自然磊落不羁，后来你渐渐清瘦，就更像此意。"

二人四目相对，看着看着便不由流下泪来，却又不知为何而哭。元稹叹道："一生太短，往事千端，谁能知道为何呢？"

那天元稹终究要走，白居易也无法再留，他抱病出城五六里，送元稹送到临都驿。元稹含泪冲白居易道："乐天，保重。"

白居易心底莫名一慌，下意识喊道："微之，微之！"

元稹回眸望他，白居易却不知要再多说什么，只能也对元稹道："微之，保重。"

元稹缓缓点头，写下两首诗，轻轻交到了白居易手里。

《过东都别乐天二首》

一

君应怪我留连久，我欲与君辞别难。

白头徒侣渐稀少，明日恐君无此欢。

二

自识君来三度别，这回白尽老髭须。

恋君不去君须会，知得后回相见无。

两首诗写罢，元稹打马入京，一骑绝尘，很快消失在白居易的视线中。

这是白居易最后一次见到元稹。

元稹入朝之后还是一如既往手段刚烈地整顿吏治，驱逐了不少奸佞小人之后，再次被排挤出京，只是这次待遇不错，去了武昌。

白居易写诗安慰他，又写诗跟他分享洛阳城里的日常。后来白居易晚年所得的小儿子夭折了，白居易大哭一场，也把这些心绪寄给元稹。

每每把生命中的苦痛写成诗，知道天涯尽头有个元微之能收到，白居易心中的苦痛就能稍解；而每当有开心的事情写成诗，知道远方有个元微之能会心一笑，白居易便能开心两次。

他本以为，还有很多这样的日子，还有很多诗篇可以互相唱和，他们可以一起走到风雪尽头。没想到就在他们分别的两年之后，元稹染病暴毙。

元稹人在武昌，临终前双唇颤抖，眼前似乎有无数画面闪过，他已看不清死前的走马灯了，他只能认出每个画面里，都有白乐天。

回光返照的一瞬间，元稹对家人说："我死后，墓志铭由白乐天写，告诉他我对不住他，从此人间苦痛留给他了。"

言毕，他又为儿女擦泪，释然一笑，与世长辞。

消息传遍天下后，许多读书人都为元稹写悼亡诗，奔赴咸阳城祭奠。元稹葬在咸阳洪渎原，离洛阳不远，元稹的灵柩甚至可以经过洛阳，再到咸阳。

此时，洛阳城里人来人往，白居易已经很多年没见过这么热闹的景象了，有时候他总觉得这是一场幻梦，自己应该站在年轻人堆里，招呼着不远处的少年。他喊"微之微之"，那少年就会转过头来冲他一笑，接着时间继续流逝，人间继续运转。

而不是像现在这般，人们找他要悼亡诗、墓志铭，死去的人才要悼亡诗、墓志铭，元微之是身子弱了些，可他怎么会死呢？

自从听到元稹死讯之后，白居易倔强而孤单地杵在天地间，没哭也没写诗。

又是一年西风至，白居易在西风里，看到元稹的灵柩，看到哭红了眼睛的元稹的家眷，他明明早就知道元稹死了，可仍旧猝不及防，被这一幕撞进眼里。

白居易突然咧开嘴，一点声音都没发出，泪如泉涌，撕心裂肺，像是灵魂被人从身体中抽走了。

那天白居易哭完之后，挥毫为元稹写诗：

今在岂有相逢日，未死应无暂忘时。

从此三篇收泪后，终身无复更吟诗。[1]

---

1. 出自白居易《哭微之》。

这一瞬间，白居易真的想过，从此以后，伯牙绝弦，他便绝诗。三篇悼亡诗倾泻而出还不够，白居易还在纸上信笔乱写。风吹得纸页凌乱翻飞，白居易边写边喃喃自语，他自语的声音越来越大，宛如对西风悲吼。

呜呼微之！贞元季年，始定交分，行止通塞，靡所不同，金石胶漆，未足为喻，死生契阔者三十载，歌诗唱和者九百章……

呜呼微之！始以诗交，终以诗诀，弦笔两绝，其今日乎？

呜呼微之！三界之间，谁不生死，四海之内，谁无交朋？然以我尔之身，为终天之别，既往者已矣，未死者如何？

呜呼微之！六十衰翁，灰心血泪，引酒再奠，抚棺一呼。

《佛经》云："凡有业结，无非因集。"与公缘会，岂是偶然？

多生以来，几离几合，既有今别，宁无后期？公虽不归，我应继往，安有形去而影在，皮亡而毛存者乎？

那些归隐山林的约定，诗酒唱和的过往，都化作一滴滴的血泪。

三十余年里多少次的呼喊，多少句微之微之，只有今日秋风里，白居易墨干泪尽喊出血来，天地茫茫，却再也没人回头应他了。

几个月后，白居易断断续续几次提笔，几次落泪，完成了元稹的墓志铭。元家给他几十万钱润笔费，白居易自然不收，元家硬要给，白居易便把这些钱全都用来修缮香山寺。

白居易冲佛像一拜，希望功德尽归于微之。

乘此功德，安知他劫，不与微之结后缘于兹土乎。因此行愿，安知他生，不与微之同游于兹寺乎？[1]

那么多的君与我，都定格在了来生后世之中；那么多的梦与泪，都尽数付诸天下。

元稹的葬礼结束后，墓志铭刻好，香山寺也修完了，白居易的人生还要继续向前走。

他从太子宾客又升为太子少傅，朝中又发生政变，当年诬陷他的王涯死于其中，白居易还写诗嘲讽：

---

1. 出自白居易《修香山寺记》。

当君白首同归日，是我青山独往时。[1]

后来他也有了聊得来的朋友，是"巴山楚水凄凉地，二十三年弃置身"[2]的刘禹锡。有时候白居易望着他，就像是看到了当年一直蹉跎的元稹。

可白居易已经六十八岁了，很多人的面容他已经记不清晰了，元稹的音容笑貌，他也渐渐忘却了。

这是元稹离开的第九年，白居易患了风疾，他想着自己也要魂下九泉了，没想到又一次挺了过来，痊愈了。

白居易失笑，就在病刚好的那几日里，他闭上眼，忽然梦到了元稹。

元稹的面庞无比清晰，原来他自己以为已经忘掉的故人容貌，早就深深刻在他的心底，一场大病之后又浮上来，出现在他脑海里。

元稹站在他面前，眼前闪现的一幕幕是曲江宴上的相知，是崇敬寺里的谈笑，是庙堂之上的并肩作战，是从边荒到夷陵的白发重逢……

自己在梦里一遍遍叫他："微之微之，微之微之。"

元稹笑着答应："乐天，别来无恙。"

大梦一场，白居易醒来后泪湿了床褥，他又想写诗了，可是连笔都拿不稳，他吐出一口气，如泣如诉：

君埋泉下泥销骨，我寄人间雪满头！

原来一个人的逝去，不是一时一日一年的痛哭，而是每个猝不及防的瞬间，如山崩海啸般的悲怆。

几年后，白居易施家财，开龙门八节石滩，以利舟楫百姓。见到百姓的笑脸，他又像是回到当年，跟元稹一起在观中备考，誓要改变天下的时候。那时他们都很年轻，都很意气风发，也都在彼此身边。

又两年后，七十四岁的白居易病逝于洛阳，被葬于香山。

---

1. 出自白居易《九年十一月二十一日感事而作》。
2. 出自刘禹锡《酬乐天扬州初逢席上见赠》。

他仍记得那年重修香山寺的功德，他仍愿意去赴那场迟了十五年的约，他相信他能在黄泉路上追到元稹，再喊他一声"微之微之"。

那时元稹就会回过头来，冲他一笑，说："乐天，别来无恙。"

CHAPTER ELEVEN

第十一章

三生石畔

犹初见

明弋·文

河面雾气甚浓，将整个天地连成混沌一片，影影绰绰间只见河上有一座小桥，还有岸边一眼望不到头的妖冶猩红的曼珠沙华。

——这里是忘川，摆渡众生之所。

白居易从一座亭子醒来，头痛欲裂地看着面前陌生的景色。他记得方才自己的灵魂从榻上离开，仓皇奔出门去寻找元稹，可是门外空无一人。后来他的耳边又响起熟悉的脚步声，于是他便紧紧跟着那道声响来到这里，随即就晕了过去。

"等等……这场景我好像梦到过。"白居易思索着生前的记忆，略带犹豫地撩袍拾级而下，"好像是在微之被贬江陵的时候。"

白居易走到河边，极目远眺。一阵冷风吹来，大雾散了三分，忽然，他瞧见桥头站着一道如芝兰玉树的身影。

白居易瞬时瞪大了眼睛，他顾不得头疼，像怕那人消失不见了一样，飞也似的跑了过去呼喊道："微之！"

远处那人听到白居易的呼声，略显木讷地转过身，竟真是元稹，只是他那张清隽白净的脸上全是茫然。

眨眼的工夫，白居易跑到元稹面前，急急拉住他的手灿烂笑道："微之，我可算找着你了！"

元稹低头看着白居易拉住自己的大手，随后眨眨眼抬眸疑惑问："微之——是我的名字？你认识我？"

白居易神色一愕，震惊望向元稹："你不记得了？"

元稹轻轻摇了摇头，白居易的手陡然收紧，五脏六腑也像被狠狠攥了一把。元稹的眼睛还是那么明亮，自己的身影也依旧倒映在其中，可他怎会什么都忘了呢……

"我只觉得自己苦于思念，好像有人在等我的信，但我又不知道寄给谁。"元稹口中喃喃。

白居易听后眸子瞬时一亮，连忙道："是我，你要寄信的人是我！还记得你被贬江陵时我写给你的回诗吗？'梦中握君手，问君意何如。君言苦相忆，无人可寄书，我梦到过今日！'"

元稹迷茫地望着白居易满是汗珠的额角，依旧摇了摇头。白居易垂下眼帘，眼底闪过一丝落寞，不过被他飞快地掩饰了过去，再抬起头时已是满脸笑容："无妨，我慢慢与你回忆。"

忘川河静水无波，一点流动的涛声都没有，时而吹来的风带着透骨的冰凉，血色的曼珠沙华像感受不到气流一般，花瓣没有任何晃动。一切都是那样诡异而迷幻，唯有元稹身上传来的熟悉的竹叶清香，能带给白居易片刻的真实感。

"你是说我们一同考试并成功登科，又都被授予了校书郎的职位？"两人坐在河岸边，元稹摘了一朵花，放在掌中欣赏。

白居易点点头："或许这就是命中注定吧，我们注定成为朋友。"

"后来呢？"元稹端详着手中的彼岸花。

"后来我们一同入朝为官，起起落落，分分合合……要如何向你描述我们的关系呢？"白居易凝神细想，"我们各自的母亲离世时，都是由对方写的墓志铭。我回家守孝时没有俸禄，是你'三寄衣食资，数盈二十万'。"

元稹的眉梢挑起，表情微微有些惊讶，然后指了指面前的河问："这黑漆漆的河水倒是让我想起来一些事情。"他白皙的手指摩挲着下巴思索着，"我好像有一次也是行舟在这样的水面，阴森可怖。"

白居易了然于心："你说的应当是你任监察御史，出使剑南东川那次。你写信和我说，百牢关外的江面便是如此。"

元稹抬眼望向白居易："白兄，这官我做得如何？"

白居易被问得猝然一愣："自然是极好。"

元稹苦笑一下，将手中的彼岸花递过去："我刚才发现这花的花叶上，会随着摘取人的不同，变幻人生判词。"元稹的眼底有浓重的忧伤与失落："白兄，莫要骗我。既然我是个好官，为何判词会是毁誉参半？"

白居易瞧了一眼花叶，随后有些生气地把那彼岸花丢到了一边。

"净胡说！"白居易皱着眉头用力扳过元稹双肩，让他正对自己，随后看着元稹的眼睛一字一句认真道："你抚绥黎庶，上副天心，蠲减征徭，内荣乡里[1]。相信我，你是个非常好非常好的官员。"

---

1. 出自元稹《弹奏剑南东川节度使状》："固合抚绥黎庶，上副天心，蠲减征徭，内荣乡里。而乃横征暴赋，不奉典常，擅破人家，自丰私室。"

"你去东川的时候，朝廷原本只派你清算任敬仲，可你发现了一张更大的贪腐网。不少人劝你别惹火上身，可你说身为御史，察妖猾盗贼，不事生业为私蠹害，察黠吏豪宗兼并纵暴，贫弱冤苦不能自申者，是你当做的事。"白居易温润的眸子闪着细碎的光，神色很是骄傲，"在你的坚持下，当地滥征赋税全部被取消，田产也尽数归还百姓，涉案的七州刺史及其他大小官员皆受处罚。对了，你可知后来东川百姓为了铭记你的恩情，都给孩子取名为'微之'或'稹'。"

"我为了夸耀你此事，还曾写过一首诗——'元稹为御史，以直立其身。其心如肺石，动必达穷民。东川八十家，冤愤一言伸。'[1]"

白居易眼角眉梢俱沉浸在回忆里，元稹看着眼前景象问道："白兄，我们经常给对方写诗吗？"

"岂止是经常！"白居易惊呼一声，"我们这辈子唱和酬答了九百多首，算下来一年就有三十来首，平均每十天就一首呢。"

元稹眼睫震颤了几下，不知是遗憾还是自嘲地摇摇头："真是可惜啊，这么好的知己，我竟一点都不记得了。"

又是一阵寒风吹过，二人忽然陷入了沉默。唯有不远处的桥上，隐约传来叮叮咚咚的铃声。

半晌，白居易无奈开口说道："十五年未见，怎得一场失忆令你性格都变了，以前你可是爱笑得很。"

元稹略带歉意道："许是在这等迷失之地徘徊太久了吧。若非你来，我怕是连话都忘记要如何讲了。"

"难怪你不来入我梦，竟真是迷路了。"白居易说到这里才赫然反应过来一件事，"等等……可是你为何还没去投胎转世？"

元稹听罢眸光一暗似流星燃尽，他的下巴朝桥那侧抬了抬，无奈道："因为我总觉得自己还有人未见，还有话未说。所以尽管那孟婆日日来奈何桥上卖汤，我却未曾走上去过。"

白居易正想说什么，元稹忽然接话问道："那白兄你呢？"

"什么？"白居易不解。

"我走的这十五年，你过得如何？"

"就那样吧。"白居易正了正身子，伸出手也摘了一朵花。不过他并没有看上面的判词，只

---

1. 出自白居易《赠樊著作》。

是当作思考时手中把玩的物件，一片一片摘起了花瓣，"你走之后，我的身体也不大好了，眼涩夜先卧，有时扶杖出[1]。我因病免了河南尹，后来圣上又让我任同州刺史，我也推辞了，虽说身体是一方面原因，更主要的是干不动了。"

"咱俩在官场里干了一辈子，我也看开了，写写诗'兼济天下'足矣，人还是'独善其身'吧。况且你的离世带给我的打击实在巨大——公虽不归，我应继往，安有形去而影在，皮亡而毛存者乎？我着实意志消沉了很久，还是崔玄亮和刘禹锡把我从悲痛中拉了出来。"

"哦？他们是谁？"元稹的眉毛微微蹙起。

"也是咱俩的朋友，常与我们唱和。只是……"白居易扯花瓣的手停住了，"后来他们也先后离世，人间只剩我自己了。"

元稹看着白居易脚下的一地落花与光秃秃的花枝，眉间骤然添了几分心酸。

"对了，我在洛阳履道坊的宅园种了好多花，都是你爱的。我想着万一哪天你回来了，就算找不到路，靠这些花儿也能认出我家。"白居易微微垂下头，手肘撑在双膝上，轻声叹了口气，"结果我今日才得知，原来你一次都没有瞧见过。"

元稹听着白居易的话，慢慢伸出手，那只手在白居易的肩上悬了片刻，最终还是安慰似的轻拍了下去。

"一钵汤，一饮无，一世咸苦一忘忧。亡人囚此十五载，魂飞魄散再无秋——"突然，一道老妇人的歌声从桥上飘下，擦着河水飘飘荡荡传至两人耳侧。

白居易分辨着歌词，神色倏尔紧张起来："什么？十五载魂飞魄散？微之，要来不及了！快去渡桥！"

不等元稹说话，白居易拉起他便向奈何桥飞奔而去。那是座老桥，到处都已斑驳掉漆，踩上去像只有一层薄薄的木板似的，发出"咚咚"的声音，像白居易擂鼓般的心跳。

"两位公子，喝汤吗？"孟婆没抬眼皮，只是用一根长汤匙搅和着冒出滚滚热气的铜锅。

"阿婆，这汤怎么卖？"元稹问。

"不卖，送的。"

"喝了会如何？"

---

1. 出自白居易《咏老赠梦得》："眼涩夜先卧，头慵朝未梳。有时扶杖出，尽日闭门居。"

"喝了才能过桥。褪这世人皮，换来世衣裳。"孟婆说着，用那根长勺子舀了两钵汤。

"若不喝会怎样？"白居易试探问。

孟婆咯咯笑了，声音时而苍老时而年轻："不喝汤你们便会被丢到那儿去，不可投胎做人。"说罢她指了指桥下，不知何时起那忘川河里竟已虫蛇满布，其水皆血，波涛翻滚，腥秽不可近，"即便你们侥幸过了桥，也要穿着这世人皮，永生永世被困在这儿，不得转世轮回。"

孟婆将手中的汤递了出去，声音带着蛊惑与慈祥："喝吧。"

白居易伸出手，忽然又犹豫了……

"喝吧。"这次是元稹说的。

他接过汤，递给了白居易一份："白兄，谢谢你的讲述，解了我心头这么多年的困扰。只是如今我已失忆，记不得此生的纷纷扰扰和与你的情谊，其实与喝了这汤没有区别。"元稹眸底晦涩，"我们……就此别过吧。"

白居易的表情有种尽力克制下的平静，眼中却有藏不住的惊涛骇浪："微之……"

"白兄，你先吧。"元稹打断白居易，"我们的友谊当真如你所说的那样深刻，那我岂能两次都让你目送我离开？"

白居易张了张嘴，想再说些什么，可他又恍然想起了孟婆方才唱的歌——没有时间了。

白居易放下汤，走到元稹面前，最后端端正正一拱手，一如他们初见时的样子："在下白居易，识君一场，三生有幸。"

白居易眼角有泪，他看着眼前的面容，用力扯出了抹笑："微之，再见。"

说罢，白居易拿起汤，抖了抖袖子，仰头遮碗一饮而尽。待他放下碗再望向元稹时，眼神中已没有任何情绪，尽是空茫。

忘川河血浪奔腾，如地狱之景。澎湃的河水拍击着岸边，声音洪若惊雷。元稹看着失去记忆的白居易，泪流满面。

——元稹其实从来都没失忆过。

他那年去世后，魂魄便游荡到了忘川。周围的亡魂都在亦步亦趋地向奈何桥走去，唯有他不想上桥，因为他不想就这样忘了白居易。他的魂每天在这片彼岸花里躺着，回忆着与白居易相识相知的细节，背着他们互赠的九百余首诗，一遍又一遍。

直到某天，他发现自己竟能离开这忘川回到人间，于是他拼命向洛阳飞去，经过熟悉的石板路，飘进白居易履道坊的宅子。一进院门，元稹就看见白居易正弯着腰哼哧哼哧地种花，品味还不错，都是他喜欢的。

"啧，真不专业，施肥要均匀。"元稹躺在树枝上，枕着双臂吐槽在花坛忙活的白居易。

"又在书房睡，也不知道熄灯。"元稹从窗户缝钻了进去，一口气把油灯吹灭了。

"嚯，你瞅瞅，给刘禹锡写了多少诗呀？"元稹叉着腰瞧着桌前厚厚一沓诗稿。

日子久了，元稹觉得这样似乎也不错，白居易的生活有滋有味，自己能默默陪着他也挺好。直到某天白居易病了，元稹急得团团转又无可奈何，他突然想到要不去梦里找白居易游玩一番，心情好了，说不准病也会好。可等第二天元稹从梦里退出来，才发现白居易竟哭得不能自持，甚至拖着病躯在寒风中追出去找自己。

直到这一刻元稹才明白，原来白居易只是把刻骨的悲痛埋到了心里，自己弄巧成拙了。此后，元稹便再也不敢入白居易的梦了。

年岁一天天流逝，他远远地看着白居易的脚步越来越蹒跚，越来越孤独，坐在青灯案前，看旧信的时间越来越长。

元稹忽然觉得命运对晚年的白居易太不公平了，好友接连离世，别人都只知恭喜香山居士长寿好福气，殊不知死者一了百了，留下来的人却是艳阳地狱、度日如年。

"不行，下辈子得让乐天换个热热闹闹的人生。"

再后来，元稹打听到，原来人是可以不喝孟婆汤的，但代价是灵魂永远被困在忘川。元稹想了想，也行，虽然长安再没有乐天了，但自己总归能记得他。为了能让他早点喝汤过桥，不蹉跎在此，元稹才琢磨出了失忆这么个计划。

只是元稹没想到，原来亲眼看见朋友忘记自己是件这么痛苦的事。现在的他一边克制自己别哭出声，一边反思后悔，两个时辰前他是不是又不小心给了乐天一刀。

忽然，孟婆停止了熬汤，似有抬头之意。元稹怕被孟婆发现，赶紧擦干净眼泪，一秒切换成茫然脸："我什么都不记得了……我失忆了……"

元稹口中嘟嘟囔囔，半拉着白居易要往桥那边去。

孟婆用那柄长勺子在元稹面前一横："当我老婆子傻？"

元稹尴尬一笑："果然靠装是不行的。"

孟婆又用长勺子敲了敲铜锅："喝汤。"元稹正想说什么，孟婆又道，"你们两个别想蒙混过关。"

元稹愣了："蒙混过关……我们……两个？"

元稹猝然反应过来，他猛地转头看向白居易。只见白居易眨了眨"无辜"的眼睛，脚边有一摊被倒掉的汤。

元稹张大了嘴巴，一时不知从何开口："刚才你？！"

"手速快。"

"所以你知道我是装失忆？"

白居易耸耸肩："主要你的演技太拙劣了。"

两人还没来得及再说什么，只觉身侧一股杀气蔓延而来。孟婆的脸阴郁而扭曲，眼中凶意缭绕。

白居易往元稹那边挪了挪："现在怎么办？"

元稹不露声色抓住白居易，低声数道："三，二，一……"

"什么？"白居易没听清。

"跑！"元稹大喊一声。

孟婆狰狞狂暴地咆哮着，顷刻间数丛地狱烈火从忘川河中升腾而起，飞速向奈何桥上的两个人包围过来。

二人大步向河对岸跑去，长长的奈何桥吱呀作响，风声从他们耳畔掠过，雪色的衣袍翩跹翻飞，他们像两只自由的蝴蝶，向彼岸飞翔。

"看！远处有光！"元稹指着河对岸的一个亮点。

火舌已经快触碰到两人的肌肤，他们的身体也越来越淡。炽焰烈火中，独属于他们的百年时光与大唐命运交织碰撞着，如车外逆行飞驰的风景，在二人身侧呼啸着急速掠过，终于，在桥体马上断掉前，他们的脚踩到了对岸的土地上。

孟婆在对岸气得冒烟，大喊着："你们会失去全部记忆！一遍遍轮回经历你们此生，这是囚笼，是地狱！"

两人劫后余生，拼命喘着粗气，随后相视一眼，默契地背过身去，开怀大笑起来："有知己在，算什么囚笼？"

歇好了，白居易朝着元稹肩膀捶了一拳："你这家伙骗我一次。"

元稹装作吃痛捂肩，飞快转移了话题"圣上都写诗悼念你，'童子解吟长恨曲，胡儿能唱琵琶篇。文章已满行人耳，一度思卿一怆然。'[1] 我都没这待遇。怎么样，平衡点没？"

"圣上？你怎么知道？"白居易疑惑。

"拜托，我是魂魄，可以在人间到处飘荡的，怎么会不知道。"元稹晃了晃透明的脚。

"我也是魂魄，我就不知道。"

"你不是一死就来找我了吗？"

"哦哦，也对。"

两人一边有一搭没一搭地聊天，一边向那光点走去。

"对了，微之，你去世的第九年，我给你写了首《梦微之》，你还未回诗。趁着现在还未入轮回，要不要还我一句？"

轮回盘的光束明亮而通透，白居易周身如笼了一层清霜，身姿楚楚谡谡，落在元稹灿若繁星的眸子里。

"好啊，还哪句？"

"就还'君埋泉下泥销骨，我寄人间雪满头'。"白居易朝元稹摊开一只手。

元稹想了片刻，笑着开口："我守黄泉待君至，共赴尘寰三千秋。"

贞元十九年（公元803年），二十四岁的元稹走出考场，意气风发。

跟他同样潇洒走出大门的还有个比他年纪稍大的考生，顾盼之间，同样是一副胸有成竹的模样，在考生之中，他们两个格外与众不同。

元稹凝眸望过去，恰对上那人转头看过来。

---

1. 出自李忱《吊白居易》。

四目相对，两人寒暄一笑，元稹当先自报家门道："洛阳元九，元稹元微之。"

那人也笑，笑起来不似元稹这般带着些孤傲跟倔强，反而有点世事无忧的洒脱，他冲元稹拱手道："太原白二十二，白居易。"

二人一见如故，一举一动无比熟稔，仿佛相遇早有预谋，这一幕已轮回千百遍……

尾声

· END ·

魂寄香山

拂罗·文

"再点上一份香吧，觉空。"师父说，"香山居士来了。"

我听话地点燃了香。

那时的我只是个小小的沙弥，是如满禅师门下最小的弟子，踮脚也不及师父和师兄们的腿高。那时的我想不通为何每次香山居士一来上香，我们庙里就要准备两人份的香火。

我的法号为觉空，在前半生的记忆中，我曾日复一日听着香山寺的悠悠钟声，从小沙弥渐渐长成一个满心求道的青年僧人。

在我的印象里，香山居士是我们寺里最虔诚的贵客，有人叫他白乐天，也有人叫他白二十二，他似乎是个名满天下的贵人，而我习惯规规矩矩唤他一声"居士"。

我第一次见到居士，正是大和五年（公元831年）的隆冬，他面带凄怆憔悴之色，冒着鹅毛般的大雪一步步走到破败的寺门前，低声说，他要为一个亡友捐钱修缮寺庙。

"阿弥陀佛，"师父问，"施主所指何人？"

"元稹，元微之。"居士答。

他那时年届六十，已经是一个满面沧桑的老者，但鬓发还不至于全白，面容很是慈祥温和。看我怯怯地躲在师父身后，居士笑笑，伸手想抚一抚我的秃头，见我仍然如惊兔般躲闪，他遍布皱纹的大手在空中微微一顿，只是极轻地拍了拍我的肩膀。

"这孩子的爹娘都亡于战乱，怕生人，居士莫见怪。"师父说。

听到"战乱"这个词，居士眼里添了些许叹息之色："我明白，我也曾是出生于战乱年间的孩子，今日替微之捐出这六七十万钱来重修寺庙，也算是为天下百姓祈福……"[1]

"很早就听闻，居士离任杭州刺史之际，曾将官俸捐给州库作为公务周转的善举。"师父缓缓合掌道，"但凡有益于他人的事情皆是功德，今日这些功德当归于元施主，况且居士日日替他上香祈福，必定能消除他前世的灾祸，带来冥间的福报。"

居士并未展颜，只是叹气，喃喃自语："凭着这份大功德，只愿来世再与微之结缘，来世再同游于香山寺院里……"

---

1. 据白居易《修香山寺记》记载："去年秋，微之将薨，以墓志文见托。既而，元氏之老状，其臧获舆马、绫帛、泊银鞍、玉带之物，价当六七十万，为谢文之赠，来致于余。余念平生分文不当，辞赠不当纳。自秦抵洛，往返再三，讫不得已。回施诸寺，因请悲知僧清闲主张之。"

说罢，不禁拭泪。

我当时并不知元微之是何人。但我想，他口中的那位微之，一定是他此生最重要的人吧。

春去，秋来，新修缮的寺庙在第二年徐徐落成了，我也稍稍长大懂事了些，因居士常常来山中修行打坐，我便与他熟络起来。

居士教我识字，教我念诗，说来神奇，他写的诗就连我这小小沙弥都能读懂。当我惊奇地将这个感悟告诉他时，居士的表情欣慰极了，他又指着纸上的另一首诗，问我能否读懂这几句。

"寥落古行宫，宫花寂寞红。白头宫女在，闲坐说玄宗。"[1] 我读了一遍，老老实实说，"好像懂了，又好像没懂。"

居士告诉我，这是元微之生前写的诗句，居士还告诉我，他和微之还有我，我们都没能亲眼看看大唐最繁华的开元盛世。如今的大唐正在急剧凋零，他们年轻时曾发誓要挽救这个摇摇欲坠的时代，然而，最后谁也没能如愿以偿。

"那……既然大唐已经转衰，我们要如何活下去呢？"我问。

"穷则独善其身，达则兼济天下，中隐于世，这就是我选择的道。"居士温和地回答，"微之生前不畏权贵，与世俗抗争，这亦是微之的道。觉空，终有一日，你将觅得自己的道。"

我似懂非懂地点点头。

后来的几年里，我又跟着居士背诵了许多元微之留下的诗作，从亡人的词句中，我隐隐读到一股不容于世俗的锐利与锋芒。

"剑㸌妖蛇腹，剑拂佞臣首"[2]，他仿佛真如一把直指佞臣污吏的利剑，锋芒过处，无贪官不胆寒。元微之，那是一个何等刚直夺目的人啊。

见我仰慕不已，居士慢慢对我讲起他与微之的故事，这段往事很长很长，二人往来唱和整整九百首诗，对我来讲实在太多，对居士而言却还太少太少——

于是，我看见元白二人的故事，看见他们曾携手同游，曾同谪出京，曾在聚少离多的日子里一封封寄信给彼此，也曾在相聚的短暂时光里彻夜痛饮。

---

1. 出自元稹《行宫》。
2. 出自元稹《说剑》。

不知不觉，我一连听了七年之久。

山间朝暮，如此相似。

七年后，我渐渐长大，新修缮的寺庙也渐渐陈旧，师兄们纷纷下山去历练，去寻觅自己的佛法与大道，而居士来香山寺的次数仍然不减。听说他长久抱病，只在官场做些闲职，朝廷曾任命他为同州刺史，而居士拒不赴任，执意留在这洛阳履道坊宅园，与好友刘梦得等人唱和。

"居士为何不去赴任呢？"我担忧地问，"听说，有人责怪居士在洛阳放情自娱，过着富贵闲人的生活，行事太过放达……"

"此地有书有酒，有歌有弦。有叟在中，白须飘然。识分知足，外无求焉。"[1] 居士不恼，悠悠一笑接着说，"人的天性很少有持中者，皆各有偏好，而我不偏好经商也不偏好赌博，更不偏好长生炼丹，而自适于杯觞、讽咏之间，放达则放达罢，能有什么害处呢？"

居士远望天地，悠悠自吟一首：

抱琴荣启乐，纵酒刘伶达。

放眼看青山，任头生白发。

不知天地内，更得几年活？

从此到终身，尽为闲日月。[2]

吟罢自哂，笑意苦涩。他又自顾自地打开酒瓮舀酒，再饮数杯，既而醉复醒，醒复吟，吟复饮，饮复醉，醉吟相仍若循环然。[3]

那年正是唐文宗开成三年（公元838年），居士六十六岁，我留意到，他的头发几乎全都变白了。

寺中日月长。

又过了七年，当我长成一个健壮的青年，足以代替年迈的师父每日撞钟时，居士身边曾经热闹的朋友们渐渐零落，他们老了，消失了。

---

1. 出自白居易《池上篇》。
2. 出自白居易《醉吟先生传》。
3. 出自白居易《醉吟先生传》："吟罢自晒，揭瓮拨醅，又饮数杯，兀然而醉，既而醉复醒，醒复吟，吟复饮，饮复醉，醉吟相仍若循环然。"

刘梦得、崔晦叔……每每听说居士又目睹哪位老友离世,我脑海浮现的却不是哀乐满天的凄婉景色,而是居士当年对我讲述的长安同游之景:春日城南,慈恩寺前,青衫的年轻人们骑马吟诗相娱,其中白乐天与元微之情谊最深,每每对诗唱和,旁人竟插不上半句话。

"阿弥陀佛,"我缓缓诵经,"居士,节哀。"

"觉空,假如一棵渐渐枯萎的树上曾生着许多花,其中一枝是双生花,一朵花落向黄土之下,一朵花仍寄住于枝头,"居士微笑,"你说,另一朵花,它会不会更眷恋土壤之下?"

我渐渐意识到,花的开落,灯的明灭,人的生死,这些都是永恒的自然规律,任谁也逃不过、躲不过。

泉下有他思念的亡人,死亡因此不再可怕。

世人皆羡长生,此乃天性,但我想,居士并不羡长生。天命将至前,居士便遵循着自己的道,安稳且尽兴地在人间活一遭,等到死亡如约而至,居士也能平淡豁达地放手,不再做这寄居人间的一介过客,径自去寻他泉下的亡友们。

这七年,居士仍然日日饮酒作诗,世人讽刺居士是富贵闲人,但我知道,居士在晚年做了许多兼济天下的事。譬如,七十三岁那年,他便施舍家财将龙门一带阻碍舟船行驶的石滩凿开,此乃福泽万民的大功德[1]。

开凿那日,铁凿金锤轰隆隆如雷,如刃般的礁石皆被凿穿,百筏千艘鱼贯而出,居士心灵明澈,思绪通透,笑吟:"我身虽殁心长在,暗施慈悲与后人。"

次年,居士与年迈的老友们举行七老会[2]。

同年夏,他邀我师父如满及洛中遗老李元爽入会,九位鬓发苍苍的老人,画成一幅"九老图",以此留记他们时日不多的晚年。

独善其身,兼济天下,此乃居士后半生的道。

一年后,居士变得更加苍老,他的腿脚逐渐顽钝,不方便再登上山阶,我已许久不曾在山上

---

1. 据白居易在《开龙门八节石滩诗》小序中提到:"东都龙门潭之南,有八节滩、九峭石,船筏过此,例反破伤。舟人楫师推挽束缚,大寒之月,裸跣水中,饥冻有声,闻于终夜。予尝有愿,力及则救之。"
2. 白居易晚年家居洛阳,招请好友九人宴饮,其中胡杲、吉皎、郑据、刘真、卢真、张浑与白居易均年在七十岁以上,称七老会。

见到居士了。

寺内最年轻的师兄已经下山去了,而我过几年也将动身游历,去参悟我自己的大道。那位师兄出发游历之前问我,可要他捎什么东西回寺里,我想了想,既然居士思念的那个人葬在咸阳,那就去咸阳带一枝元九墓前的白杨枝吧。

"师兄若能安然归来,便将白杨枝带回香山来。"我说,"倘若居士仍然活着,我们就把白杨枝交给他,倘若居士不在世上,我们就将白杨枝栽在居士墓前。"

师兄答应了。

后来,当他风尘仆仆地带着白杨枝回来时,已是大半年后的事。新来的小师弟兴奋地告诉我,有一位年迈的居士竟慢慢拄着拐杖,艰难地一步步上山,来拜访我们的寺庙了。

我心中微微动容,莫非居士心有所感?我拿着白杨枝快步前往山门前,印象里,那也是我最后一次见到居士——

那是武宗会昌六年(公元846年)的夏天,居士稀疏的头发变得全白,他拄着拐杖踯躅于香山小径,他正对我的师弟们轻声讲起他与元微之的故事。

他说,他不离开洛阳香山,是为了等一个十五年前去世的故人。

他说,他们年轻时曾经许下"他生相觅"的约定,他若走了,故人的转世就寻不到他了。

故人未归,他仍在等。

望着居士伛偻的身影,我潸然泪下,连忙快步上前,将手中的白杨枝递给了他。我兀地想起师父的教诲,出家人的灵台需如古井无波,于是强行压下心中翻涌的悲伤,向居士合掌行礼:"这是我托师兄从元微之的墓前寻来的……"

居士抚着白杨枝,神情恍若隔世。

当我看见居士眼中闪烁的泪水时,我几乎再也忍不住情绪,只好诵一声"阿弥陀佛"掩盖过去。

居士终于笑了,眼中含泪,他对我说,多谢。

这成了他此世对我说过的最后一句话。

这一年八月十四日,居士逝于洛阳,享年七十四岁,人们将他葬在洛阳香山寺,葬在我师父的塔侧。整个大唐为之震动,天子亲自写诗悼念,而我作为香山寺内一个不知名的沙弥,能做的事情，只有代替居士将那枝白杨枝栽在他的坟墓前。

　　我合掌许愿，愿它能顺利抽芽，在来年春日里生长。

　　飞光一晃，又晃过数年。

　　如今，居士墓前的树木亭亭如盖，倘若后世人前来祭奠，必定能寻得一方幽静。我又将下山游历去了，听说大唐世道逐渐动荡不安，藩镇割据，烽烟四起，我不知此番下山能否活着回来，但我想，这或许正是我的劫，也正是大唐的劫。

　　当我拄着禅杖一步步下山，离开香山之前，起风了，白杨树在天地间沙沙作响，如私语、如呢喃。

　　"别跑！"

　　"这回，换我来找你！"

　　身后传来孩子银铃般的笑闹声，我忽然心有所感，转身望去——

　　视线尽头处，正是一个年长些的大孩子，拉着另一个牙牙学语的小孩子，两人不知从何处而来，嘻嘻哈哈地朝着山上结伴奔跑，很快就消失在漫山树荫里……

洛阳四野，山水之胜，龙门首焉。龙门十寺，游观之胜，香山首焉。香山之坏，久矣。楼亭骞崩，佛僧暴露，士君子惜之，余亦惜之。佛弟子耻之，余亦耻之。顷，余为庶子宾客，分司东都。时性好闲游，灵迹胜概，靡不周览。每至兹寺，慨然有葺完之愿焉。迨今七八年，幸为山水主，是偿初心、复始愿之秋也。似有缘会，果成就之。

　　嘻。予早与元相国微之，定交于生死之间，冥心于因果之际。去年秋，微之将薨，以墓志文见托。既而，元氏之老状，其臧获舆马、绫帛、洎银鞍、玉带之物，价当六七十万，为谢文之赞，来致于余。余念平生分文不当，辞赞不当纳。自秦抵洛，往返再三，讫不得已。回施诸寺，因请悲知僧清闲主张之。命谨干将士复掌治之。始自寺前，亭一所，登寺桥一所，连桥廊七间。次至，石桥一所，连廊六间。次东佛龛，大屋十一间。次南宾院堂一所，大小屋共七间。凡支坏补缺，全隙覆漏，圬墁之功必精，赭垩之饰必良，虽一日必葺，越三月而就。譬如长者坏宅，郁为导师化城。于是龛像无燥湿多泐之危，寺僧有经行晏坐之安。游者得息肩，观者得寓目。关塞之气色，龙潭之景象，香山之泉石，石楼之风月。与往来者，一时而新。士君子、佛弟子，豁然如释，憾刷耻之为。清闲上人与余及微之，皆夙旧也。交情愿力尽得知之，憾往念来，欢且赞曰：凡此利益皆名功德，而是功德当归微之。必有以灭宿殃荐冥福也。

　　予应曰：呜呼。乘此功德，安知他劫，不与微之结后缘于兹土乎。因此行愿，安知他生，不与微之同游于兹寺乎。言及于斯，涟而涕下。

　　唐太和六年八月一日，河南尹太原白居易记。[1]

---

1. 出自白居易《修香山寺记》。

金書究

下期彩蛋

猜猜下一本知己系列主题

?

丹心枕剑寄热血，雪衣抱琴向夕阳。

图书在版编目（CIP）数据

元白手札：死生契阔三十载 / 古人很潮主编.
北京：新世界出版社，2025. 5. -- ISBN 978-7-5104
-8093-5

Ⅰ．K825.6

中国国家版本馆CIP数据核字第2025DL3186号

元白手札：死生契阔三十载

作　　者：古人很潮
选题策划：漫娱图书　龚伊勤
责任编辑：周帆
装帧设计：吴彦　徐昱冉　许颖
责任校对：宣慧　张杰楠
责任印制：王宝根
出　　版：新世界出版社
网　　址：http://www.nwp.com.cn
社　　址：北京西城区百万庄大街24号（100037）
发 行 部：(010)6899 5968（电话）　(010)6899 0635（电话）
总 编 室：(010)6899 5424（电话）　(010)6832 6679（传真）
版 权 部：+8610 6899 6306（电话）　nwpcd@sina.com（电邮）
印　　刷：武汉市卓源印务有限公司
经　　销：新华书店
开　　本：889mm×1194mm　1/24　　尺　　寸：185mm×210mm
字　　数：210千字　　　　　　　　　印　　张：8
版　　次：2025年5月第1版　2025年5月第1次印刷
书　　号：ISBN 978-7-5104-8093-5
定　　价：59.80元

版权所有，侵权必究
凡购本社图书，如有缺页、倒页、脱页等印装错误，可随时退换。
客服电话：(010)6899 8638